1 fr. 25 le volume

ŒUVRES COMPLÈTES D'HECTOR MALOT

LA MARQUISE
DE LUCILLIÈRE

PARIS
LIBRAIRIE MARPON & FLAMMARION
E. FLAMMARION, SUCC^r
26, RUE RACINE, PRÈS L'ODÉON

EN VENTE A LA MÊME LIBRAIRIE

ŒUVRES COMPLÈTES D'HECTOR MALOT
à 1 fr. 25 le volume

POUR PARAITRE SUCCESSIVEMENT DANS CETTE COLLECTION

Le Lieutenant Bonnet	1 vol.
Suzanne	1 vol.
Miss Clifton	1 vol.
Clotilde Martory	1 vol.
Pompon	1 vol.
Marichette	2 vol.
Un Curé de Province	1 vol.
Un Miracle	1 vol.
Romain Kalbris	1 vol.
La Fille de la Comédienne	1 vol.
L'Héritage d'Arthur	1 vol.
Le Colonel Chamberlain	1 vol.
La Marquise de Lucillière	1 vol.
Ida et Carmelita	1 vol.
Thérèse	1 vol.
Le Mariage de Juliette	1 vol.
Une Belle-Mère	1 vol.
Séduction	1 vol.

PARIS. — IMP. C. MARPON ET E. FLAMMARION, RUE RACINE, 26.

LA
MARQUISE DE LUCILLIÈRE

OUVRAGES DE HECTOR MALOT

COLLECTION GRAND IN-18 JÉSUS

LES VICTIMES D'AMOUR : LES AMANTS, LES ÉPOUX, LES ENFANTS...	2 vol.
LES AMOURS DE JACQUES..................................	1 —
ROMAIN KALBRIS..	1 —
UN BEAU-FRÈRE...	1 —
MADAME OBERNIN..	1 —
UNE BONNE AFFAIRE.......................................	1 —
UN CURÉ DE PROVINCE.....................................	1 —
UN MIRACLE...	1 —
SOUVENIRS D'UN BLESSÉ. — SUZANNE........................	1 —
— — MISS CLIFTON........................	1 —
LA BELLE MADAME DONIS...................................	1 —
CLOTILDE MARTORY..	1 —
UNE BELLE-MÈRE..	1 —
LE MARI DE CHARLOTTE....................................	1 —
L'HÉRITAGE D'ARTHUR.....................................	1 —
L'AUBERGE DU MONDE : LE COLONEL CHAMBERLAIN, LA	
— — MARQUISE DE LUCILLIÈRE....	1 —
— — IDA ET CARMELITA, THÉRÈSE.	1 —
MADAME PRÉTAVOINE.......................................	2 —
CARA..	2 —
SANS FAMILLE..	2 —
LE DOCTEUR CLAUDE.......................................	2 —
LA BOHÈME TAPAGEUSE.....................................	2 —
UNE FEMME D'ARGENT......................................	1 —
POMPON..	1 —
SÉDUCTION...	1 —
LES MILLIONS HONTEUX....................................	1 —
LA PETITE SŒUR..	2 —
PAULETTE..	1 —
LES BESOIGNEUX..	2 —
MARICHETTE..	2 —
MICHELINE...	1 —
LE SANG BLEU..	1 —
LE LIEUTENANT BONNET....................................	1 —
BACCARA...	1 —
ZYTE..	1 —
VICES FRANÇAIS..	1 —
GHISLAINE...	1 —
CONSCIENCE..	1 —
JUSTICE...	1 —
MARIAGE RICHE...	1 —
MONDAINE..	1 —
MÈRE..	1 —
ANIE..	1 —
COMPLICES...	1 —

Mme HECTOR MALOT

FOLIE D'AMOUR...	1 —

ÉMILE COLIN. — IMPRIMERIE DE LAGNY.

LA

MARQUISE DE LUCILLIÈRE

PAR

HECTOR MALOT

PARIS
LIBRAIRIE MARPON ET FLAMMARION
E. FLAMMARION, SUCCR
26, RUE RACINE, PRÈS L'ODÉON

Tous droits réservés.

AVERTISSEMENT

M. Hector Malot qui a fait paraître, le 20 mai 1859 son premier roman « LES AMANTS », va donner en octobre prochain son soixantième volume « COMPLICES »; le moment est donc venu de réunir cette œuvre considérable en une collection complète, qui par son format, les soins de son tirage, le choix de son papier, puisse prendre place dans une bibliothèque, et par son prix modique soit accessible à toutes les bourses, même les petites.

Pendant cette période de plus de trente années, Hector Malot a touché à toutes les questions de son temps ; sans se limiter à l'avance dans un certain nombre de sujets ou de tableaux qui l'auraient borné, il a promené le miroir du romancier sur tout ce qui mérite d'être étudié, allant des petits aux grands, des heureux aux misérables, de Paris à la Province, de la France à l'Étranger, traversant tous les mondes, celui de la politique, du clergé, de l'armée, de la magistrature, de l'art, de la science, de l'industrie, méritant que le poète *Théodore de Banville* écrivît de lui « que ceux qui voudraient reconstituer l'histoire intime de notre époque devraient l'étudier dans son œuvre ».

Il nous a paru utile que cette œuvre étendue, qui va du plus dramatique au plus aimable, tantôt douce ou tendre, tantôt passionnée ou justicière, mais toujours forte, toujours sincère, soit expliquée, et qu'il lui soit même ajouté une clé quand il en est besoin. C'est pourquoi nous avons demandé à l'auteur d'écrire sur chaque roman une notice que nous placerons à la fin du volume. Quand il ne prendra pas la parole lui-même, nous remplacerons cette notice par un article critique sur le roman publié au moment où il a paru, et qui nous paraîtra caractériser le mieux le livre ou l'auteur.

Jusqu'à l'achèvement de cette collection, un volume sera mis en vente tous les mois.

L'éditeur,

E. F.

LA MARQUISE DE LUCILLIÈRE [1]

I

Un assassinat en plein jour, à quelques lieues de Paris, au beau milieu d'une grande route, sur laquelle ordinairement la circulation est active, est un fait assez intéressant en lui-même pour provoquer la curiosité publique.

Mais, lorsqu'autour de ce fait se groupe une série de circonstances caractéristiques; lorsque celui qu'on a tenté d'assassiner est un homme dont tout Paris s'occupe; — lorsqu'au lieu d'être mort sous le coup de couteau qui l'a frappé, ce qui simplifie toujours les choses, il n'a été que grièvement blessé, ce qui laisse place aux complications de l'inconnu et de l'incertain, en même temps qu'aux manifestations de la sympathie; — lorsque cet assassinat a été accompagné d'une longue lutte dramatique, que chacun, pendant les premiers jours, peut raconter à sa manière en arrangeant ses péripéties suivant les caprices de son imagination, — alors cette

[1] L'épisode qui précède la *Marquise de Lucillière* a pour titre : le *Colonel Chamberlain*.

curiosité peut se changer facilement en une véritable fièvre, si les journaux, n'ayant pas d'autre actualité sous la main, s'entendent pour l'éperonner d'heure en d'heure.

Le lendemain, tout Paris ne parlait que de cet assassinat et ne s'occupait que du colonel.

— Celui qui, le jour de son arrivée à Paris, a perdu quatre ou cinq cent mille francs dans une soirée chez une cocotte?

— Alors le colonel Chamberlain était décidément voué aux aventures, et il a dû trouver qu'un voyage en France n'était pas aussi agréable qu'il se l'était imaginé. Savez-vous que ce n'est pas encourageant pour les étrangers?

— Eh! bien, tant mieux, ils resteront chez eux. Est-ce que vous ne commencez pas à trouver que Paris est inhabitable avec tous ces étrangers qui s'abattent chez nous? Moi, j'en ai assez, Je vais m'en aller en Suisse ou en Allemagne, j'y trouverai peut-être des Français.

— Le fait est que nous ne sommes plus en France; Paris n'est plus Paris, c'est l'auberge du monde. On y rencontre des gens de tous les pays, qui naturellement apportent avec eux leurs mœurs et leurs habitudes. Voyez comment est composée la cour de madame de Lucillière, présentement: un Anglais, lord Fergusson; un Russe, le prince Seratoff; un Espagnol, le duc de Mestosa; il s'y trouve même un Turc, Serkis-Pacha, sans compter, bien entendu, ceux que j'oublie ou ne connais pas. Pourquoi le Turc ou l'Espagnol n'auraient-ils pas importé chez nous les mœurs de leurs pays. Il me semble qu'en Espagne le commerce des couteaux est lucratif, et qu'en Turquie la vie d'un homme qui vous gêne n'est pas sacrée.

Avant même que le nom du colonel Chamberlain fût prononcé, on avait inventé une sorte de légende sur le « crime de la forêt de Marly. »

On venait de trouver dans la forêt le cadavre d'un

homme qui avait été assassiné sur la grande route; le corps était chaud encore, et le couteau de boucher avec lequel il avait été tué était resté dans le ventre. On ne pouvait rien imaginer de plus horrible que cette blessure ; le couteau était entré jusqu'à la moitié du manche, tant le coup avait été violent : la mort avait dû être foudroyante; On ignorait le nom de ce malheureux, ses vêtements indiquaient un ouvrier aisé, il ne portait sur lui aucun papier de nature à constater son identité, il n'avait pas été volé. On était à la recherche de l'assassin, et il y avait tout lieu de croire qu'il serait prochainement entre les mains de la justice.

Ce récit de la première heure avait été celui d'un journal qui affichait la prétention d'être toujours bien informé, et qui dramatisait la mort d'un chat lorsqu'il n'avait rien de mieux à offrir à ses lecteurs naïfs.

Malheureusement pour ce récit, un autre était venu le contredire le soir même. Le journal bien informé avait été trompé par la rapidité de son information ; le cadavre trouvé dans la forêt était celui de l'assassin même, qui avait été tué dans la lutte.

Le blessé n'était autre que le fameux colonel Chamberlain que tout Paris connaissait; le colonel Chamberlain qui..., etc.

L'assassin, disait la *Gazette des Tribunaux*, était l'inconnu; si tout d'abord on avait pu croire que cet inconnu avait été victime d'un assassinat, cela tenait à ce que son cadavre avait été ramassé dans la forêt par des paysans, qui l'avaient transporté au village de Fourqueux. De là les erreurs d'un premier récit, qui ne s'était occupé que de ce cadavre.

Malheureusement cette rectification était obligée de s'en tenir à des à peu près sur les circonstances du crime; car, pour savoir la vérité entière, il aurait fallu interroger le colonel, et celui-ci était resté plusieurs heures sans pouvoir répondre aux questions qu'on lui adressait.

Au moment où, en arrivant devant le perron du château, on l'avait descendu de voiture pour le placer sur un fauteuil et le transporter dans la chambre désignée par madame de Lucillière, il avait été pris d'une syncope avec perte complète de connaissance.

Sa tête était tombée sur son épaule, et la marquise, s'avançant vivement, l'avait relevée et soutenue dans ses deux mains.

Cette tête était décolorée ; les lèvres blanches étaient à demi ouvertes, tandis que les yeux restaient clos.

Tous les invités de la marquise étaient venus se grouper autour de ce fauteuil, et si parmi eux s'était trouvé un curieux ayant pour tout souci d'observer ce qui se passait autour de lui, il eût pu, rien qu'en examinant les physionomies, faire des remarques significatives, qui lui en eussent dit long sur les secrets sentiments de chacun.

Assurément c'était un tableau touchant que celui qu'offrait cet homme jeune et beau, peu d'instants avant plein de force, maintenant étendu sur ce fauteuil, le corps affaissé, les vêtements déchirés et souillés de sang et de poussière, si faible qu'on pouvait croire qu'il allait mourir d'une minute à l'autre.

Cependant, parmi ceux qui s'empressaient autour de lui et qui le regardaient, il y en avait plus d'un qui ne laissait pas paraître sur son visage la plus légère marque d'inquiétude ou de compassion.

— Il me semble qu'il est mort, dit le duc de Mestosa.

— S'il ne l'est pas, il n'en vaut guère mieux, répliqua le prince Seratoff.

— A quoi bien s'empresser autour de ce cadavre? dit lord Fergusson à mi-voix ; il serait plus pratique de ne pas perdre de temps, et de se mettre tout de suite à la recherche des assassins, qui ne doivent pas être loin.

Au lieu de s'empresser autour du colonel, ce qui, à vrai dire, n'était pas indispensable, un des invités interrogeait le cocher de la voiture qui avait apporté le blessé : c'était M. Le Méhauté, le juge d'instruction.

Tout d'abord, son premier mouvement avait été de s'approcher du colonel ; mais, voyant que celui-ci n'était pas en état de l'entendre et encore moins de répondre aux questions qu'il voulait lui poser, il s'était adressé au cocher.

— Que savez-vous ?

— Voilà : j'ai pris à la gare un voyageur nègre, avec des bagages, qui m'a dit de le conduire à Chalençon, et je suis parti. En route, ce voyageur nègre, qui parle français comme vous et moi, m'a dit qu'il allait au château rejoindre son maître chez le marquis de Lucillière, où il était invité à passer quelques jours ; et puis on a parlé de choses et d'autres, tout en trottant. Voilà qu'après avoir quitté Fourqueux depuis vingt ou vingt-cinq minutes, en plein bois, quoi ! nous apercevons de loin, barrant le passage, deux corps couchés sur la route. « Voilà de rudes pochards, que je dis, et pas gênés du tout : on voit bien que c'est lundi. Nous avancions toujours, et les corps ne bougeaient pas. « On dirait qu'il y a des taches de sang sur la route », me dit le valet de chambre nègre. Là-dessus, je lui ris au nez, parce que je voyais bien les taches sur la poussière, mais je ne pensais pas que c'était du sang. Tout à coup, voilà un des corps qui se soulève et qui crie d'une voix faible : « A moi ! — Mon maître ! » répond le nègre avec un grand cri, et il saute à bas de la voiture avant que j'aie eu le temps d'arrêter mon cheval.

— Ainsi le colonel était couché sur la route, à côté d'un autre homme, son assassin. Et cet homme ?

— Mort, monsieur, d'un grand coup de couteau dans le ventre ; car, pendant que le nègre se jetait sur son maître, moi naturellement, ne sachant pas que cet homme était un assassin, je m'occupais de lui, et, comme il était étendu le nez dans la poussière, je le retournais avec précaution. Mais la précaution était inutile, on pouvait le secouer : roide mort. Alors je l'ai traîné sur le bord du chemin, tandis que le nègre pansait son maître, et adroitement qu'on peut dire, bien doucement, comme une mère qui aurait soigné son enfant. Quand le pansement a été fait, nous avons bien doucement soulevé le pauvre monsieur, le nègre en le prenant par les épaules, — ce qui lui a fait pousser un cri, — moi par les jambes, et nous l'avons installé dans la voiture, sans crainte de perdre les coussins, pensant bien que s'ils étaient tachés de sang, on ne ferait pas difficulté pour me les payer, comme il est juste, n'est-ce pas?

— Bien, restez là à ma disposition, on aura besoin de vous.

— Si c'était un effet de votre part de dire un mot pour les coussins?

Pendant cet interrogatoire, le colonel avait été monté au premier étage par Horace et un domestique du château, la marquise marchant derrière eux et soutenant toujours dans ses mains la tête ballante du blessé.

Le marquis de Lucillière, le baron Lazarus, le prince Mazzazoli, Ida, Carmelita, étaient aussi montés, tandis que les autres invités restaient sur le perron.

Mais, lorsqu'on était arrivé dans la chambre désignée par la marquise, Horace avait demandé qu'on le laissâ seul, avec un domestique, s'occuper de son maître.

Alors il avait vivement débarrassé le colonel de ses vêtements; puis, après l'avoir étendu sur le lit, il avait, avec des plaques d'amadou, posé un nouveau bandage sur la blessure.

Elle saignait toujours, et il fallait arrêter cet écoulement, sous peine de voir le blessé mourir au bout de son sang.

Cependant la fraîcheur du lit et quelques gouttes de rhum, qu'on lui avait versées dans la bouche, avaient fait cesser la syncope.

Il avait ouvert les yeux et regardé autour de lui vaguement, comme s'il cherchait à comprendre où il était et ce qui s'était passé.

— Vous êtes au château de Chalençon, dit Horace ; ne vous inquiétez pas, tout va bien, le médecin va arriver.

En effet, le médecin ne se fit pas attendre, et, aussitôt, il procéda à un pansement moins primitif que celui employé par Horace.

La blessure en elle-même n'était pas nécessairement mortelle ; ce qu'il y avait de plus grave, c'était la faiblesse, que le médecin ne s'expliquait pas bien, ignorant la lutte que le colonel avait eu à soutenir.

— Est-il en danger ? demanda la marquise, qui attendait le médecin à la porte de la chambre.

— Avec un homme aussi solide et aussi sain, rien n'est désespéré ; mais il nous faut un repos absolu.

II

Après la marquise, la première personne que le médecin trouva sur son passage fut le juge d'instruction.

— Eh bien ! docteur, puis-je voir le blessé ?
— Non, monsieur.
— Il faut que je l'interroge.
— En ce moment, il faut qu'il repose.

Bien que le crime eût été commis sur une commune de l'arrondissement de Versailles, et que par conséquent M. Le Méhauté n'eût pas qualité pour procéder à une instruction régulière en dehors du ressort de son tribunal ;

il voulait néanmoins, en attendant ses confrères de Versailles, qu'il avait fait prévenir, commencer dès maintenant une sorte d'enquête qui pût servir de base aux recherches de la justice.

— A quoi bon? dit Serkis-Pacha en le voyant se dépiter de ne pouvoir pas interroger immédiatement le colonel.

— Comment! à quoi bon?

— Puisque l'assassin est mort, le colonel a simplifié votre travail.

— Et ses complices?

— Où voyez-vous des complices?

— Je n'en vois pas, mais il peut en exister, et c'est là précisément ce que l'instruction doit rechercher. Cet homme n'était pas très probablement un simple voleur de grand chemin, qui, rencontrant un voyageur convenablement vêtu, a eu tout à coup l'idée de se jeter sur lui pour l'assassiner et le dévaliser.

— Pourquoi cela ne serait-il pas? est-ce qu'il n'y a pas des voleurs de grand chemin en France?

— Il y en a partout, cependant je ne crois pas à ce voleur de grand chemin. Le colonel a dû être suivi depuis Paris par un homme qui le connaissait et qui cherchait un endroit favorable pour l'attaquer ; cet endroit il l'a trouvé dans la forêt, sur cette route en ce moment déserte et l'attaque a eu lieu. Tout d'abord elle a surpris le colonel, mais s'il s'est bravement défendu.

— Oh! bravement; nous n'en savons rien, il me semble.

— Utilement, si vous aimez mieux, puisqu'il a tué celui qui voulait l'assassiner.

— C'est un roman, cela.

— Peut-être, cependant il y a bien des probabilités pour que ce roman soit la vérité. Vous voyez donc qu'il est indispensable de savoir quel est cet homme, et que sa mort, loin de simplifier notre travail, comme vous le disiez, le complique : vivant, nous aurions pu l'interroger, tandis que maintenant nous ne pouvons que constater son identité. Mais, quand nous saurons qui il est, ce sera un point de départ pour arriver à découvrir ceux qui ont armé son bras.

— Pourquoi ne voulez-vous pas qu'il se soit armé tout seul ?

— Je ne veux qu'une chose, chercher. C'est pour cela qu'il y avait urgence à interroger le colonel, pour voir si ses explications confirmeraient mes soupçons ; mais, puisque le médecin ne le veut pas, je vais commencer par visiter le lieu du crime. Il est possible que je connaisse l'assassin, j'ai déjà vu comparaître devant moi tant de brigands.

— Bonne chasse ! Nous dînerons sans vous, mon cher juge.

Alors, prenant la voiture qui avait apporté le colonel au château, le juge d'instruction se fit conduire dans la forêt.

M. Le Méhauté n'eut pas besoin des explications du cocher pour trouver la place où la lutte avait eu lieu : des taches de sang faisaient de larges plaques noires sur la poussière blanche, et le gazon des bas côtés conservait les empreintes des corps qui avaient foulé l'herbe.

— Et mon mort ? s'écria le cocher ; où est mon mort ?

Le mort avait disparu.

— Où aviez-vous placé le cadavre ?

— Je l'avais traîné là, sur le gazon, pour qu'il ne fût pas écrasé par les voitures qui passeraient.

Le juge d'instruction se demanda si les complices de l'assassin n'avaient pas enlevé le cadavre, afin d'entraver les recherches de la justice ; mais un paysan venant de Fourqueux le rassura à ce sujet.

Peu de temps après que la voiture qui emportait le colonel blessé s'était éloignée, des voituriers avaient passé sur le lieu du crime, et, trouvant un cadavre dans l'herbe, ils l'avaient chargé sur leur voiture pour le porter à Fourqueux. Ignorant ce qui s'était passé, ils croyaient que le corps était celui d'une victime et non celui d'un assassin; comme il était chaud encore, ils espéraient que dans le village on pourrait le rappeler à la vie.

Aussitôt le juge d'instruction, remontant en voiture, partit pour Fourqueux.

L'assassin était étendu sur un lit de paille, roide, les yeux démesurément ouverts, les traits du visage contractés par une grimace; une écume rougeâtre s'était coagulée autour de ses lèvres, qui laissaient voir sa langue à moitié sortie et serrée entre les dents.

M. Le Méhauté examina cette figure énergique que la mort avait convulsée.

Mais sa mémoire qui n'oubliait pas, ne lui rappela pas, qu'il eût déjà vu cet homme; pour lui, c'était un inconnu. Seulement, avec la pratique d'un juge d'instruction qui connaît les criminels, il eut la certitude que c'était un bandit.

Il donna l'ordre qu'on le fouillât; on ne trouva dans ses poches que six pièces de cinq francs et quelques pièces de menue monnaie; pas de portefeuille, pas de papiers. Le linge n'était pas marqué, le chapeau ne portait pas inscrit dans sa coiffe le nom du chapelier qui l'avait vendu.

Donc pas un seul indice qui pût inspirer les recherches, si ce n'est cette absence même d'indices qui devenaient une sorte de témoignage, pour affirmer que les précautions avaient été bien prises, par des gens connaissant leur affaire.

Puisque c'est un voleur de profession, il devait être connu de la police de sûreté.

M. Le Méhauté, restant à Fourqueux, envoya son cocher à Saint-Germain pour porter au télégraphe une dépêche adressée au chef de la sûreté, lui demandant un agent qui connût bien les repris de justice et les forçats libérés.

Puis, en attendant que cet agent arrivât, il s'installa à la mairie et fit comparaître devant lui les gens du village qui pouvaient savoir quelque chose.

Ses pressentiments, tels qui les avait expliqués à Serkis-Pacha, se trouvèrent bien vite confirmés par les témoignages qu'il recueillit.

Dix paysans avaient vu passer le colonel ; puis, peu d'instants après l'homme qui était étendu mort.

La femme à laquelle le colonel avait demandé son chemin vint raconter comment, à une courte distance de la maison, « le monsieur qui lui avait parlé et qui était bien poli s'était retourné, comme qui dirait pour voir s'il n'avait pas quelqu'un sur les talons. »

Ainsi il ne s'était pas trompé, le colonel avait été suivi ; l'assassin venait de Paris, c'était à Paris que le crime avait été préparé, c'était à Paris qu'était la tête qui avait combiné ce crime. L'assassin n'était sans doute qu'un instrument.

La préméditation était donc pleinement prouvée.

Ce fut seulement à huit heures du soir que l'agent de la sûreté arriva à Fourqueux.

Conduit devant le mort, il n'eut pas besoin de le regarder longtemps pour le reconnaître.

— C'est Nicolas, dit-il, plus connu sous le nom de *Tonquin*. qu'on lui a donné parce qu'il ressemble à un cochon.

L'agent salua.

Ce nom et ce surnom n'apprenaient rien au juge d'instruction, qui n'avait jamais entendu parler de *Tonquin*. Il interrogea l'agent.

— Si M. le juge d'instruction avait été à Paris il y a

huit ans, répondit celui-ci, il aurait connu le *Tonquin*. C'est à cette époque que je l'ai arrêté. Il avait déjà été condamné deux fois par contumace pour vols avec effraction et escalade. Alors nous l'avons fait condamner aux travaux forcés à perpétuité pour tentative d'assassinat sur un voiturier qu'il avait attaqué de nuit sur la route de Saint-Denis : une affaire mal emmanchée, mal exécutée, qui l'a fait pincer tout de suite. C'était un homme d'exécution, bon pour un coup de main ; mais pas de combinaison pour deux sous, pas de composition.

— Selon vous, il n'aurait donc pas pu préparer un crime avec une certaine adresse?

— L'exécuter avec vigueur, oui ; le préparer habilement, non.

— Êtes-vous certain de le reconnaître.

— Le *Tonquin* est marqué d'une tache de lie de vin sur l'épaule droite; si nous trouvons cette tache sur ce cadavre, c'est bien le *Tonquin*, n'est-ce pas?

— Cherchez la tache alors.

En un tour de main, l'agent eut mis l'épaule à nu.

La tache de lie de vin qu'il avait annoncée ne se trouvait pas sur l'épaule; seulement, à la place qu'il avait désignée, on voyait une cicatrice rugueuse, grande comme la main.

— Ah! le brigand, s'écria l'agent, il a dénaturé son signalement; mais c'est égal, la cicatrice vaut pour moi la tache de vin. C'est Nicolas, je vous jure que c'est Nicolas. Je peux l'affirmer aussi bien que j'affirmerais que l'invention de la cicatrice est du fait du *Fourrier*.

— Le *Fourrier?* cet homme était en relations avec le *Tonquin?*

— Ils ont été compagnons de chaîne à Toulon il y a huit ans.

— Depuis huit ans, se sont-ils revus? ma question est très importante

— Malheureusement je ne peux pas y répondre présentement. Le *Fourrier* s'est évadé au moment où on allait l'embarquer pour Cayenne; tandis que c'est des îles du Salut que Nicolas s'est sauvé, il y a environ dix-huit mois. Depuis cette époque, se sont-ils revus? Je n'en sais rien.

— C'est ce qu'il faut savoir.

— Dame! monsieur le juge d'instruction, cela n'est pas facile. Celui-là qui est mort ne peut pas parler, et le *Fourrier*, vous le savez est introuvable.

Il faudra le trouver.

Le nom du *Fourrier* prononcé par hasard avait ouvert une nouvelle voie au juge d'instruction.

Ce n'était plus la vengeance qui avait été le mobile de l'assassinat et ce n'était plus le vol seul.

M. Le Méhauté n'avait rien oublié de ce que le colonel lui avait dit à propos d'Anatole Chamberlain.

Ainsi il se rappelait parfaitement que celui-ci était le cousin-germain du colonel, et par conséquent qu'il était apte, en cette qualité, à recueillir un jour une part quelconque de cette immense fortune, si le colonel venait à mourir sans enfants ou sans avoir pu faire son testament. Pourquoi n'aurait-il pas voulu hâter ce moment. Pourquoi dans ce but ne se serait-il pas adressé au *Fourrier*? Et pourquoi celui-ci, qui avait pour système de ne rien faire par lui-même, n'aurait-il pas chargé de l'assassinat son ancien compagnon de chaîne?

M. Le Méhauté revint à Chalançon en étudiant ces différentes hypothèses qui semblaient s'appuyer sur de solides probabilités.

Lorsqu'il arriva au château, il y trouva ses collègues de Versailles; mais comme le colonel était toujours dans le même état, ceux-ci n'avaient pas pu recevoir sa déposition.

Ce fut seulement le lendemain matin que M. Le Méhauté put pénétrer dans la chambre, et encore fallut-il pour cela qu'il engageât une véritable discussion avec le médecin.

Le colonel était faible encore, pâle comme les draps de son lit; mais enfin il pouvait entendre ce qu'on lui disait et il pouvait répondre.

Il raconta donc en quelques mots les péripéties de la lutte qu'il avait dû soutenir contre son assassin.

— Si je ne l'avais pas tué, il est bien certain qu'il m'achevait, dit-il; sans ses menaces, j'étais perdu. C'est par sa jactance que j'ai été sauvé; je n'ai eu conscience de mon état que parce qu'il a commis la sottise de m'avertir. Il était temps, je ne le voyais déjà plus qu'à travers un brouillard. Alors j'ai réuni ce qui me restait d'énergie et d'intelligence dans un dernier effort et j'ai frappé. Si j'avais manqué mon coup, j'aurais été incapable d'en donner un second.

— Le premier a suffi, et je peux vous dire qu'il a fait l'admiration du médecin qui a procédé à l'autopsie.

— Pauvre diable !

— Ne le plaignez pas, c'était un brigand des plus dangereux.

— Vous savez qui il était ?

— Un agent que j'ai fait venir de Paris l'a reconnu pour un forçat évadé de Cayenne, nommé le *Tonquin*.

— Un voleur alors, qui n'en voulait qu'à ma bourse.

Le juge d'instruction remarqua que le colonel avait prononcé ces quelques mots avec une sorte de satisfaction, comme un homme qui éprouve un soulagement à être débarrassé d'une pensée pénible.

— Vous ne vous connaissez pas d'ennemis, demanda-t-il; pas de gens qui aient un intérêt à vous faire disparaître ?

Le colonel se troubla un moment; car cette question du juge était à peu près celle qui lui était venue à l'esprit, lorsqu'il s'était demandé pourquoi cet homme le suivait.

— Je ne vois pas pourquoi on aurait voulu me faire disparaître, dit-il, tandis que je vois très bien l'intérêt qu'avait ce pauvre diable à me dévaliser.

— Vous croyez donc que le vol seul était le mobile de cette attaque ? Eh bien ! je vous demande la permission de trouver autre chose que le vol dans cette tentative d'assassinat. Vous croyez que le vol était le principal, et l'assassinat l'accessoire ; moi je crois que l'assassinat était le but et que le vol n'aurait été qu'un incident.

— Je ne vous comprends pas.

— C'est que vous ne savez pas que ce forçat, ce *Tonquin*, votre assassin enfin, a été le compagnon de chaîne du *Fourrier*.

— Le *Fourrier* !

— Oui, le *Fourrier*, dont je vous ai parlé ; le *Fourrier* qui, vous devez vous le rappeler, est en relations d'amitié et d'intérêts avec une personne qui vous touche par des liens de parenté. Cela ne vous dit rien ?

— Mais...

— Eh bien ! cela me dit à moi que le *Tonquin* a été l'instrument du *Fourrier*, et que celui-ci a été l'associé de quelqu'un qu'il faut bien que je nomme : Anatole Chamberlain. Si vous mouriez, Anatole Chamberlain serait un de vos héritiers, n'est-ce pas ? et votre fortune est assez grande pour tenter toutes les cupidités. Croyez-vous impossible que votre cousin, qui n'est pas, vous le savez, une conscience bien solidement trempée, ait voulu jouir de cette fortune ? Ayant eu cette idée, croyez-vous impossible que le *Fourrier* aidant, ils soient arrivés à préparer le crime dont vous avez failli être victime ?

— Mais assurément je le crois, s'écria le colonel, et je fais plus que le croire, je prouve le contraire, c'est-à-dire le mal-fondé de vos suppositions.

— Et comment cela, je vous prie ?

— Anatole n'est pas en France.

— On vous l'a dit.

— Je l'ai conduit moi-même au Havre samedi soir, et j'ai accompagné le vapeur jusqu'à la jetée ; il n'a pas pu débarquer, soyez-en certain. Vous voyez donc qu'il n'est pour rien dans ce crime.

— Je vois tout simplement qu'il s'est arrangé adroitement pour se créer un alibi. Ne devant pas commettre le crime lui-même, il était tout naturel qu'il voulût être loin de Paris au moment de l'assassinat. Cette absence faisait sa défense : « Je n'étais pas là, je ne sais pas ce que vous voulez dire. » Nous connaissons ces moyens de défense ; ce sont ceux qu'emploient les gens auxquels les crimes profitent, lorsqu'ils ont une certaine habileté. Or, je vous l'ai dit, le *Fourrier* est très habile.

— Mais ce n'est pas Anatole qui a eu l'idée de ce voyage en Amérique. Si je ne l'avais pas entraîné, il ne serait assurément pas parti ; quand je l'avais décidé, il faisait un nouveau retour en arrière.

— Alors c'était la défense *in extremis* d'une conscience aux abois. Il ne faut pas croire que les criminels soient complets et tout d'une pièce. Pour beaucoup, grâce à Dieu; un assassinat ne s'arrange pas comme une partie de plaisir. Il y a des luttes, des hésitations, des défaillances. Anatole, qui est jeune, a dû passer par là, et vous avez assisté à ces hésitations et à ces défaillances : voilà tout. Au lieu de prouver son innocence, elles prouvent à mes yeux sa culpabilité. Soyez sûr que le crime a été arrangé comme je viens de vous le dire, et je me fais fort de vous le démontrer dans un temps déterminé

— Ah ! je vous en prie, si par impossible vous obteniez cette preuve, gardez-vous de me la donner. Je ne suis pas de ceux qui courent après la certitude ; je ne veux pas savoir s'il est coupable, et, lors même qu'il le serait, je voudrais l'ignorer.

— Malheureusement, l'affaire ne vous appartient pas; elle est aux mains de la justice, et il faut que l'instruction suive son cours.

III

C'était avec une entière conviction que le colonel avait répondu aux accusations du juge d'instruction. Mais lorsque M. Le Méhauté fut sorti, et qu'il réfléchit à ces accusations si nettement formulées et qui s'enchaînaient les unes aux autres avec une logique si rigoureuse, il se sentit ébranlé dans sa foi.

Il était évident que les faits, tels qu'ils venaient de lui être exposés et expliqués par le juge d'instruction, étaient possibles; il n'y avait pas malheureusement à le nier, cela avait pu se passer ainsi : aucune invraisemblance dans cet acte d'accusation.

Il était évident qu'Anatole pouvait avoir arrangé cet assassinat avec le *Fourrier*, il était évident aussi qu'il pouvait être parti en Amérique tout simplement pour se procurer un moyen de défense, enfin il était évident encore que ce misérable assassin pouvait n'être qu'un bras inconscient.

Thérèse, sœur de l'homme qui avait voulu le faire assassiner!

Comme il se tournait et se retournait dans son lit, agité par ces pensées, Horace, qui se tenait silencieux dans un coin de la chambre, s'approcha doucement.

— C'est le juge qui vous a donné la fièvre avec ses questions. Je n'aurais pas dû le laisser arriver près de vous.

— Tu as raison, mieux eût valu qu'il ne me parlât pas de ses soupçons.

— Là, voyez-vous, s'écria le nègre en joignant les mains ; je ne voulais pas qu'il entrât. Mais non, il leur faut des récits, à ces juges. Est-ce que je vous ai demandé de me raconter comment vous aviez été attaqué ? Vous êtes sauvé, l'assassin est mort : cela suffit pour le moment. Le reste viendra plus tard ; car, si je n'ose pas vous adresser des questions, ce n'est pas parce que je n'ai pas envie de savoir ce qui s'est passé, pour moi d'abord, et aussi pour répondre à ceux qui m'interrogent, sans que je puisse leur rien dire, puisque je ne sais rien.

— Et qui t'interroge ?

— Mais tout le monde, madame la marquise de Lucillière, mademoiselle Lazarus, mademoiselle Belmonte ; ce matin, madame la comtesse Belmonte m'a demandé un objet que vous portiez habituellement sur vous.

— Et pourquoi faire ?

— Mais pour faire dire une messe dessus. Ça c'est souverain. Vous vous moquez toujours de moi avec mes reliques, vous m'appelez sauvage ; mais vous voyez bien que voilà une vraie grande dame, une blanche qui est aussi sauvage que moi.

— Et que lui as-tu donné comme fétiche ?

— Votre mouchoir taché de sang.

— Quelle niaiserie !

— Pas niaiserie du tout. Quand j'ai entendu sonner la cloche de l'église, je suis entré dans la chambre à côté : c'était justement le moment où le juge commençait à vous tourmenter. Alors, moi, je me suis mis en prière, et tandis que madame la comtesse Belmonte et mademoiselle Carmelita demandaient votre guérison dans l'église, moi je la demandais ici.

— Et que disais-tu ?

— Vous allez encore vous moquer de moi.

— Je t'assure que je n'ai nulle envie de me moquer de toi, au contraire.

— Je demandais au bon Dieu de vous envoyer un ange, qui vous verse dans les veines assez de sang pour remplacer celui que vous avez perdu, et je vois bien que le bon Dieu vous a envoyé son ange.

— Tu as vu l'ange me faire l'opération de la transfusion du sang?

— Ça non, je ne l'ai pas vu; mais je vous ai vu sourire; et c'est la preuve que le bon Dieu a écouté ma prière, comme il a écouté celles de madame la comtesse Belmonte et de mademoiselle Carmelita.

— Allons, tu es un brave cœur.

— Pas sauvage!

C'était la grande prétention d'Horace de n'être pas un sauvage, et on ne pouvait pas lui faire une plus grande joie que de lui dire qu'il était l'égal d'un blanc.

— Pas sauvage, dit le colonel en riant, ou tout au moins pas plus sauvage que...

— Oh!

— Pas plus sauvage que la comtesse Belmonte, ou, si la comparaison te déplaît, pas plus sauvage que la belle Carmelita, qui fait dire des messes sur des mouchoirs tachés de sang. Es-tu content?

— Content que vous plaisantiez, oui, bien heureux; mais j'ai un remords.

— Eh bien! va trouver le curé.

— Ce n'est pas le curé que cela regarde, c'est vous, parce que la faute qui cause mon remords vous touche surtout.

— Alors tu voudrais te confesser?

— Je voudrais vous dire que ce matin M. le marquis et madame la marquise de Lucillière ont demandé à vous voir; et je leur ai répondu que, vu votre état de faiblesse, il valait mieux vous laisser reposer encore un jour, bien tranquillement. Mais, puisque j'ai eu la faiblesse de laisser passer ce juge, ne pensez-vous pas maintenant que

M. le marquis et madame la marquise peuvent trouver mauvais que vous ne les receviez pas ?

— Va prévenir le marquis et la marquise que, quand ils voudront me faire l'honneur de venir me voir, je suis prêt à recevoir leur visite.

Horace ne se fit pas répéter cet ordre deux fois. Son idée avait réussi : la visite du marquis et de la marquise allait apporter une diversion aux pensées de son maître et faire oublier le souvenir du juge.

Mais le marquis venait de sortir, et la marquise se trouvait seule au château.

Cette réponse déconcerta un moment Horace ; cependant, après quelques secondes d'hésitation, il insista pour être admis auprès de madame de Lucillière.

— Prévenez votre maître que je vous suis, dit-elle.

Et en effet, quelques minutes après, elle entrait dans la chambre du colonel.

En la voyant venir, il lui tendit sa main droite, qui était aussi pâle que la manche de sa chemise.

— Ne bougez pas, dit-elle, ou je retourne sur mes pas. Mon pauvre colonel, dans quel état je vous retrouve ! Et quand je pense que c'est mon invitation qui est la cause première de cet assassinat !

Elle lui avait pris la main et doucement elle l'avait pressée. Cependant cette pression, si douce qu'elle fut, avait amené une contraction douloureuse sur le visage du blessé.

— Vous voyez, dit-elle, je vous ai fait mal. Voulez-vous bien remettre ce bras sur votre lit et ne plus remuer.

Alors délicatement elle posa elle-même le bras sur le drap ; puis, attirant une chaise, elle s'assit auprès du lit, faisant face au colonel.

— Je ne suis pas médecin, dit-elle, cependant je me permets de vous donner une ordonnance ; je n'autorise de mouvements de votre part que des yeux et des lèvres ; si vous vous fatiguez, je quitte cette chambre aussitôt.

— Et si je ne me fatigue pas ?

— Je reste près de vous, tant que vous me voudrez pour garde-malade.

Il attacha sur elle ses yeux alanguis et la regarda.

— Oh ! cela, dit-elle en lui souriant, tant que vous voudrez. Pourtant, il ne faudrait pas mettre dans ces yeux l'expression de sentiments trop vifs, de même qu'il ne faudrait pas que votre parole se laissât entraîner par trop d'animation. Avant tout, nous devons éviter la fièvre. N'oubliez pas que vous avez été blessé, sérieusement blessé. Dans quel état vous ai-je vu arriver, bon Dieu !

— Il est de fait que, plein de sang et de poussière, je devais être dans un état fort peu présentable.

— Dites que vous étiez horrible ! Mais superbe. Je n'aurais jamais imaginé qu'après s'être roulé dans le sang et la poussière, avec des vêtements déchirés, le linge en lambeaux, on pouvait avoir si grande tournure.

Une entrée splendide. Au théâtre, vous auriez fait crouler la salle d'applaudissements ; ici vous avez fait couler des larmes.

— De quels yeux ?

— Mais de tous les yeux ; celles du baron Lazarus, du prince Mazzazoli, de la comtesse Belmonte.

— Et ?...

— Celles de Carmelita, celles d'Ida.

— Et ?...

— Ce n'est point assez ?

— Je ne dis pas cela ; je demande seulement si votre énumération est complète, afin de garder un souvenir ému de ces marques de sympathie.

— Alors, puisqu'il vous faut des comptes exacts, ajoutez à cette addition de larmes la marquise de Lucillière, qui, je vous l'affirme, n'était pas la moins bouleversée, en voyant apporter à peu près mort, celui qu'elle attendait plein de force et de belle humeur.

Il voulut étendre la main vers elle; mais d'un geste rapide, elle l'arrêta.

— Vous savez quelles sont nos conventions! dit-elle. Pas de mouvements. La parole nous a été donnée pour traduire nos sentiments, et le regard pour exprimer ce que la parole est impuissante à dire. Donc, pas de mains. Mais vous pouvez parler, tant que vous voudrez, je vous écoute; vous pouvez regarder, je ne détourne pas les yeux.

Il ne parla pas, mais pendant plusieurs minutes, il resta les yeux attachés sur ceux de la marquise.

— Est-ce qu'il n'avait pas été convenu, dit-elle, que vous ne devriez pas mettre dans vos yeux l'expression de sentiments trop vifs? Il me semble que vous oubliez cette clause de la convention, qui, en ce moment, est pour vous d'une si grande importance. Sans doute, je suis touchée de voir que vous attachez un certain prix au témoignage de ma sympathie, mais il est inutile de me le dire avec tant d'éloquence. Plus tard. En ce moment, je vous assure que je comprends à demi-mot. Songez que vous avez tout le temps de vous expliquer; car vous pensez bien, n'est-ce pas, qu'avec une blessure comme la vôtre vous ne serez pas demain sur pied!

— Mais je n'ai pas besoin d'être sur pied pour me faire porter à Paris.

— Vous faire porter à Paris!

— Je voudrais ne pas abuser de votre hospitalité.

— Vous moquez-vous?

— J'ai déjà reçu une blessure dans le genre de celle qui me retient sur ce lit, et peut-être même plus grave; cependant cela ne m'a pas empêché de faire vingt-cinq lieues, dans une voiture d'ambulance, sur une route qui ne vaut pas celle de Chalençon à Paris.

— Il le fallait alors; tandis que maintenant il faut que

vous restiez ici jusqu'à votre complète guérison. Ceci est entendu, et le marquis viendra vous le signifier. S'il n'était à son haras, je l'enverrais chercher immédiatement; cependant, si vous le voulez, je peux le faire prévenir.

— Non, je vous en prie.

— Je n'insiste que si vous vous obstinez dans votre idée de départ; alors vous lui donnerez vos raisons et vous vous expliquerez tous deux. Au contraire, si vous comprenez que vous ne pouvez quitter Chalonçon avant votre complet rétablissement, nous pourrons nous entendre. Qu'opposez-vous à cet arrangement ?

— Mais mille raisons.

— Il n'y en a qu'une valable à mes yeux : êtes-vous attendu à Paris ? Votre absence, pendant un temps assez long, causera-t-elle un chagrin à quelqu'un ?

— Mais vous savez que j'arrive en France : comment voulez-vous que quelqu'un m'attende à Paris ?

— Alors vos mille raisons sont tout à fait insignifiantes. Vous êtes ici, je vous garde ; vous ne sortirez de Chalonçon que lorsque vous pourrez retourner à pied à Saint-Germain.

— Mais...

— Non, taisez-vous. Je vais envoyer chercher le marquis.

Elle se leva.

— Voulez-vous ce que je veux ?

Il hésita un moment. Elle était toujours debout près du lit.

— Oui, dit-il, ce que vous voudrez.

— Alors c'est bien ; le marquis peut examiner tranquillement ses poulinières, il n'a que faire ici.

Et elle se rassit.

IV

Ce qui le plus souvent fait la gravité des blessures, c'est l'état même du blessé. Chez un homme vigoureux et sain, une blessure sérieuse guérit facilement; chez un homme débile, une blessure légère entraîne souvent la mort.

Le colonel était vigoureux et robuste, jamais il n'avait été malade; il supporta sa blessure de manière à faire l'admiration de son médecin.

— C'est un vrai plaisir de soigner un blessé tel que vous, disait celui-ci.

— Vous êtes bien bon, je vous remercie.

— Si l'on avait toujours des blessures pareilles à guérir, on ne verrait pas si souvent les malades accuser la médecine d'impuissance.

Tandis que le médecin se félicitait de l'amélioration rapide qui se produisait dans l'état de son blessé, Horace de son côté s'applaudissait d'avoir remis à la comtesse Belmonte le mouchoir tâché de sang. Il savait à quoi s'en tenir, lui, sur cette amélioration rapide, et, sans avoir vu l'ange verser du sang dans les veines de son maître, il était bien certain que cette opération avait eu lieu; seulement elle avait dû se faire rapidement pendant qu'il avait le dos tourné : les anges ont tant de puissance! Et le médecin qui était fier de ses remèdes! Aussi, chaque fois que celui-ci écrivait une ordonnance, Horace le regardait-il en souriant doucement. Il ne se moquait pas de lui, mais enfin il le prenait jusqu'à un certain point en pitié. Des remèdes, pourquoi des remèdes? Est-ce que les remèdes peuvent agir sur un sang envoyé par le bon Dieu directement? Il n'y avait qu'une chose à faire :

fermer au plus vite cette blessure par laquelle le vieux sang était échappé, et le sang nouveau avait été versé.

En considérant à ce point de vue la blessure de son maître, Horace en arrivait à se demander si elle n'était pas un mal pour un bien. En effet son enfance s'était passée dans une famille française de la Louisiane, et il avait été élevé avec les principes de l'Église catholique, apostolique et romaine, en mêlant à ces principes toutes les idées superstitieuses de ses pères. Pour lui, en dehors de la foi, point de salut dans l'autre monde, point de bonheur dans celui-ci. Aussi était-ce avec un chagrin sincère qu'il voyait l'indifférence et le scepticisme de son maître. Dans un pays où toutes les religions et toutes les sectes ont des fidèles fervents, qui vont partout prêchant la bonne parole, il était peiné, presque humilié de cette indifférence, et volontiers il eût essayé de convertir son maître, n'était le respect craintif qu'il avait pour lui.

Maintenant que l'opération de la transfusion du sang s'était faite et qu'un sang divin avait remplacé dans les veines du colonel un sang païen, pourquoi cette conversion n'arriverait-elle pas tout naturellement et facilement? Quelle joie alors et quel triomphe! car, aux yeux d'Horace, une seule qualité manquait au colonel pour être un parfait gentleman, celle de croyant. Selon son sentiment, c'était mauvais ton d'être incrédule, et il avait horreur du mauvais ton : on sait quels féroces aristocrates font les nègres, une fois qu'ils sont émancipés.

Cependant, malgré la rapidité vraiment miraculeuse avec laquelle se rétablissait le colonel, il y avait une chose qui, dans une certaine mesure, entravait la marche de la guérison : c'était la pensée d'Anatole.

Un jour qu'à la suite d'un accès de fièvre, il était tombé dans une sorte de somnolence, et que dans sa tête les choses réelles se mêlaient aux hallucinations d'une façon confuse, sans qu'il pût distinguer le vrai du faux, il lui sembla qu'Horace, qui venait de rentrer dans la chambre après une courte sortie, prononçait le nom d'Anatole Chamberlain.

— Pourquoi me parles-tu d'Anatole Chamberlain ? dit-il en s'éveillant tout à fait.

— Mais je ne vous ai pas parlé de M. Anatole.

— Tu n'as pas prononcé le nom de Chamberlain ?

— Si, mon colonel ; mais je n'ai pas prononcé le nom de M. Anatole Chamberlain. Je vous ai dit que M. Antoine Chamberlain venait d'arriver au château.

— Mon oncle !

— Avec mademoiselle Thérèse, et qu'ils vous priaient de les faire prévenir quand vous pourriez les recevoir.

— Tout de suite !

— C'était ce qu'ils désiraient ; mais, comme vous veniez d'avoir un accès de fièvre, je les ai priés d'attendre un moment.

— Va les chercher.

Bien souvent il avait pensé à son oncle, plus souvent encore à Thérèse, et plusieurs fois il avait voulu leur faire écrire par Horace : la crainte seule de leur visite l'en avait empêché ; il avait peur de leurs questions et d'une explication ; mais, maintenant qu'ils étaient arrivés, il ne pouvait pas les renvoyer sans les avoir reçus.

D'ailleurs ce n'est pas du tout la même chose de ne pas prévenir les gens ou de les renvoyer. Alors que Thérèse était à Paris, il avait pu prendre la sage résolution de ne pas la faire venir ; mais maintenant qu'elle était venue de son propre mouvement, il ne pouvait pas persister dans cette résolution.

Il avait vu la mort d'assez près pour que son cœur affaibli eût besoin d'affection et se rejetât du côté de la famille, alors même que dans cette famille se trouvait celui qui semblait être son assassin.

Antoine, si droit et si loyal, ne devait pas porter la

responsabilité de l'infamie de son fils, pas plus que Thérèse, si affectueuse et si franche, ne devait être enveloppée dans le dégoût qu'inspirait son frère.

Quoi que l'avenir amenât et décidât, il était bon, il était consolant, dans l'heure présente, de mettre sa main dans ces deux mains sympathiques : celle du père aussi bien que celle de la fille.

Ce fut donc avec un sourire qu'il les reçut, lorsque précédés d'Horace, ils entrèrent dans sa chambre.

— Ah! mon pauvre Édouard! s'écria Antoine en le trouvant si pâle.

Thérèse ne dit rien; mais il vit ses beaux grands yeux se mouiller de larmes, et ce témoignage muet de douleur le toucha plus que ne l'eussent fait les paroles les plus éloquentes.

— Vous me trouvez changé, n'est-ce pas? mais je vais bien maintenant et je ne tarderai pas à être complètement guéri. Asseyez-vous là, près de mon lit, que je vous voie sans tourner la tête; car je ne peux pas facilement bouger, à cause des bandages qui m'enveloppent.

— La blessure est horrible, dit-on? demanda Antoine.

— Assez effrayante pour les yeux, mais en réalité peu grave. Qu'on ne dise pas que l'argent ne sert à rien! C'est précisément le portefeuille qu'on voulait me voler qui a fait dévier le coup de couteau que mon assassin avait très bien dirigé et très bien frappé, il faut lui rendre cette justice. Par malheur pour lui, le portefeuille bien bourré a fait dévier la lame, qui m'a simplement fendu la peau de la poitrine, au lieu de me percer le poumon et le cœur comme cela serait arrivé, si je n'avais pas eu de portefeuille ou si la poche de mon habit avait été du côté droit. Ce qui prouve que les tailleurs doivent toujours placer leur poche de côté à gauche, et qu'on doit bourrer cette poche de billets de banque.

Il parlait avec une sorte d'enjouement, et il avait seulement appuyé légèrement sur les mots qui disaient que l'assassinat avait eu le vol pour mobile.

Par là, il voulait bien affirmer, bien préciser, pour le cas où les accusations contre Anatole arriveraient jusqu'à Antoine et jusqu'à Thérèse, que pour lui il ne les admettait pas et qu'il croyait simplement à un vol.

Mais tandis qu'ils s'exprimaient ainsi, en plaisantant, Antoine et Thérèse l'écoutaient avec un visage sombre.

Il voulut insister sur cette affirmation de vol.

— Quel affreux bandit que ce voleur de grand chemin ! dit-il. Croiriez-vous, ma cousine, que souvent en dormant je revois ce mauvais regard au moment où il m'a frappé, et c'est un rêve fort désagréable, je vous assure.

Puis il continua sur ce ton pendant assez longtemps, mais sans qu'Antoine ni Thérèse parussent l'écouter avec attention.

Évidemment ils étaient l'un et l'autre sous l'influence d'une préoccupation grave.

Antoine fit un signe à Thérèse, et celle-ci se leva aussitôt.

— Qu'avez-vous donc, ma cousine ?

— Est-ce que je ne pourrai pas me promener un moment dans ces jardins ?

— Quelle étrange idée ! vous êtes à peine arrivée.

— Ce n'est pas que je désire vous quitter, croyez-le mais mon père a besoin de s'entretenir avec vous.

Sans ajouter un mot, sans se retourner, elle sortit.

— Mon neveu, vous avez voulu me donner le change tout à l'heure en essayant de nous représenter celui qui a tenté de vous assassiner comme un simple voleur.

— Et que voulez-vous qu'il soit ?

— On l'accuse d'être le complice de... d'Anatole.

— Qui vous a dit ?

— Hier, dans la matinée, un agent est venu me chercher pour que j'aie à paraître au palais devant un juge d'instruction. Je ne me suis pas autrement inquiété de cette comparution, croyant que c'était quelque nouveau procès que le gouvernement nous intentait à propos de nos associations. Je me suis seulement étonné d'être mandé de cette façon, mais sans y attacher grande importance, et j'ai suivi l'agent que je n'ai pas interrogé, attendu que je n'aime pas à parler à ces gens-là. Le juge d'instruction m'a fait attendre ce qu'on attend ordinairement chez ces messieurs, puis il m'a reçu. Ce qui m'a frappé tout d'abord en entrant, c'est qu'il n'avait pas son greffier « Vous êtes le parent du colonel Chamberlan? m'a-t-il demandé. — Oui, monsieur, son plus proche parent, le frère de son père, son oncle enfin. — Je n'ai pas à vous apprendre, n'est-ce pas, l'assassinat dont votre neveu a été victime? » A ce mot, vous pensez si j'ai été saisi : je vous avais quitté bien portant, et l'on m'apprenait que vous aviez été assassiné; pendant quelques instants, je suis resté sans trouver une parole à répondre.

— Mon brave oncle!

— « Dieu merci, continua le juge d'instruction, le colonel a pu se défendre et tuer son agresseur, mais il n'en est pas moins dangereusement blessé. — Et où est-il? — Au château de Chalençon, chez le marquis de Lucillière. » Voyant que vous n'étiez pas mort, je m'étais remis un peu, mais le juge d'instruction ne me laissa pas respirer. « Vous avez reconnu tout à l'heure, me dit-il, que vous étiez le parent le plus rapproché du colonel. — Sans doute. — Celui qui hériterait de lui, s'il venait à mourir intestat? — Je n'ai jamais pensé à cela. — Enfin cela serait ainsi, et, comme on a tout lieu de croire que ce n'est pas le vol seul qui a armé le bras de l'assassin, on cherche à qui profiterait la mort du colonel, et l'on trouve que c'est à vous. — A moi! — N'avez-vous pas reconnu que vous étiez l'héritier du colonel? » J'avoue, mon neveu, que je fus aussi frappé par cette accusation que je l'aurais été par la nouvelle de votre mort; mais cette fois je ne restai

2.

pas accablé, je voulus protester, me défendre, le juge d'instruction m'arrêta.

— Comment ?

— Oh ! pour me rassurer, il faut lui rendre cette justice. « Bien que vous soyez signalé comme un homme de désordre, me dit-il, comme un révolutionnaire qui a figuré dans toutes les émeutes contre les gouvernements établis légalement, on ne vous accuse pas de complicité dans cet assassinat. » Là-dessus je me récriai pour faire comprendre au juge qu'on peut être un révolutionnaire sans être un assassin, mais il m'interrompit : « C'est bien, me dit-il : une discussion sur ce point n'aboutirait à rien. Je sais que vous êtes de ces gens obstinés dans leurs idées qui ne se laissent pas toucher par de bonnes raisons. Vous soutenez qu'un révolutionnaire n'est pas nécessairement un malhonnête homme; dans l'espèce, cela n'a pas d'importance, puisque, n'étant pas accusé, vous n'avez pas à expliquer vos antécédents. Mais, si vous ne l'êtes pas, il y a cependant quelqu'un qui vous touche de très près, contre lequel s'élèvent des charges graves. »

— Pauvre père !

— Oui, le moment fut cruel, quand le juge d'instruction en vint à m'interroger sur Anatole. Tout d'abord je me troublai, et je perdis la tête, tant j'étais ému. Cela naturellement produisit un effet déplorable sur le juge, qui crut que je voulais sauver par des mensonges celui qu'il appelait mon fils. Il me fallut longtemps et bien des paroles pour lui faire admettre que depuis plusieurs mois, des années même, je n'avais pas vu Anatole, et que par conséquent je ne pouvais répondre à aucune de ses questions. « Cela sera contrôlé, me dit-il, et, s'il le faut, je ferai comparaître votre fille. »

— Mais c'est affreux.

— Ce fut ce que j'essayai de dire, sans prononcer le mot, bien entendu. Il me répondit que la justice ne faisait pas de sentiment, et que, pour obtenir la vérité, il fallait la chercher partout où l'on pouvait la trouver. A mon tour, je voulus l'interroger et savoir quelles étaient ces charges graves qui s'élevaient contre Anatole ; mais je compris aux premiers mots que je n'obtiendrais pas de réponses à mes questions, et même que les questions m'étaient interdites. Évidemment ce juge, qui se défiait de moi, n'allait pas me faire connaître les accusations contre lesquelles Anatole aurait à se défendre ; mais vous, vous les connaissez sans doute, ces accusations, et je viens vous les demander.

— Mais, mon oncle...

— Ah ! parlez sans crainte, je suis prêt à tout entendre, et ce que vous me direz sera toujours moins terrible que ce que je me dis moi-même, à moins que vous n'ayez la preuve évidente de sa culpabilité.

Le colonel se défendit longtemps, cherchant tous les moyens pour échapper aux questions qui le pressaient, aux supplications qui le troublaient, mais à la fin il fallut bien qu'il cédât et racontât en détail le long entretien qu'il avait eu avec le juge d'instruction, et dans lequel celui-ci avait dressé son acte d'accusation contre Anatole, ainsi que contre le *Fourrier*.

En écoutant ce récit, Antoine se cacha plus d'une fois la tête entre ses mains, bien que le colonel évitât de le regarder en parlant.

— Ah ! il est coupable, s'écria-t-il désespérément lorsque le colonel fut arrivé au bout de son récit, il l'est, cela est certain. Mon fils assassin ! assassin de son cousin !

Alors le colonel lui donna les raisons qu'il avait déjà exposées au juge d'instruction pour défendre Anatole.

Mais, à chacune de ces raisons, Antoine secouait la tête sans rien dire, montrant, par ce geste désespéré, combien elles le persuadaient peu.

— Un seul mot ! s'écria-t-il, comme le colonel recommençait son plaidoyer en faveur d'Anatole. Dites-moi que pour vous il n'est pas coupable ; donnez-moi votre parole que vous le jugez, que vous le croyez innocent ?

Le colonel hésita.

— Est-il innocent, est-il coupable ? Je vous répète ce que je vous ai déjà dit, je vous jure que je n'en sais rien.

V

A ce moment, Horace entra dans la chambre.

Il tendit à son maître un plateau sur lequel se trouvait une lettre portant, pour toute suscription, ces quelques mots : « A lire tout de suite. »

Il ouvrit la lettre.

Elle ne contenait que quelques lignes, écrites rapidement :

« Mon cher colonel,

» Je viens de rencontrer, dans le parterre, votre jeune
» cousine ; elle me dit qu'elle est venue vous voir avec son
» père. Si vous voulez garder vos parents près de vous,
» ou l'un d'eux, il est bien entendu, n'est-ce pas ? que
» Chalençon vous appartient et que vous y êtes entière-
» ment chez vous.

« Est-il besoin d'ajouter que, pour moi, je serai heu-
» reuse de voir de près cette jeune fille, qui paraît char-
» mante.

» Amitiés.
» HENRIETTE. »

Antoine s'était levé et avait été se placer devant l'une des fenêtres ouvrant sur le parc, de sorte qu'il tournait le dos à son neveu.

Après avoir lu le billet de la marquise, celui-ci réfléchit un moment avant d'appeler son oncle.

Antoine se retourna avant qu'il eût pris une résolution.

— Mon oncle, je suis à vous, dit le colonel.

Antoine revint près du lit.

— Je n'ai plus qu'un mot à ajouter sur ce malheureux sujet, dit il, une prière à vous adresser. Il est certain que la justice va se livrer à des recherches pour trouver les complices de votre assassin.

Eh bien ! ce que j'ai à vous demander, c'est que vous n'entraviez pas son œuvre : il faut que les coupables d'un crime aussi abominable soient punis.

— Le plus coupable est mort.

— Pour moi, c'est le moins coupable qui est mort. Si les soupçons du juge d'instruction sont fondés, le plus coupable, c'est celui qui a eu l'idée du crime et qui a demandé qu'il fût commis à son profit.

— La loi ne demande pas le témoignage d'un parent contre un parent.

— Je ne sais ce que demande la loi, mais je sais ce qu'exige ma conscience. Je vous en prie, mon neveu, si vous avez un peu d'estime pour moi...

— Dites un profond respect, mon oncle, une vive amitié.

— Eh bien ! s'il en est ainsi, n'hésitez pas à prendre cet engagement que ma conscience m'oblige à vous demander.

— Et moi, mon oncle, ma conscience m'oblige à vous le refuser.

— Ah ! mon neveu.

— Mon oncle, je comprends et sens les raisons qui ont déterminé votre démarche, et je vous estime davantage pour l'avoir faite.

— Alors...

— Je ne sais pas si Anatole est coupable, et, jusqu'à preuve du contraire, je croirai qu'il est innocent; je veux qu'il soit innocent ! Comprenez bien cela, mon oncle.

— Et moi, croyez-vous que je veuille qu'il soit coupable ?

— Le voulant innocent, je ne vais donc pas donner moi-même le moyen de le trouver coupable : ce serait absurde. D'ailleurs, fût-il vraiment coupable, qu'il ne le serait pas au degré que le juge d'instruction soupçonne. En admettant qu'il ait eu une part dans ce crime, j'affirme qu'elle aurait été des plus légères : ce ne serait pas lui qui en aurait eu l'idée première, ce ne serait pas lui qui l'aurait préparé et combiné. En tout, j'en suis certain, il aurait été dominé, entraîné, perdu par le *Fourrier*, qui, lui, si j'en crois le juge d'instruction, est un brigand de la pire espèce, brigand de la tête aux pieds, brigand complet. Remarquez que si Anatole avait subi l'influence de ce misérable, il faudrait admettre en sa faveur des circonstances atténuantes qui résultent de son âge. Or la justice n'entre pas dans ces considérations ; elle ne voit qu'une chose, la punition.

— Ne serait-elle pas méritée ?

— Peut-être ; mais ce n'est pas à ce point de vue que je me place, c'est au mien. Je ne demande pas une expiation. Un homme m'a attaqué, je l'ai tué ; pour moi tout est fini. Resterait maintenant Anatole, s'il était coupable, c'est-à-dire un homme qui porte le même nom que moi, mon cousin, le fils du frère de mon père. Eh bien ! je ne veux pas par mon fait mettre cet homme aux mains de la justice. Au contraire, je voudrais, si j'avais une preuve de son crime, aller à lui et lui dire : « Vous avez été entraîné par un misérable, je connais votre complicité, je pourrais vous perdre, je vous sauve. » Vous voyez, mon oncle, que nous ne pouvons pas nous entendre. Quittons donc ce sujet, terrible pour vous, pour moi assez douloureux pour n'y pouvoir pas penser sans me donner la fièvre. Disons donc que vous n'êtes venu ici que pour me voir ; je suis dans une position assez intéressante pour cela, il me semble. Allons, donnez-moi la main.

Antoine s'avança, les larmes dans les yeux.

— Ah! pas trop fort, dit le colonel en souriant; je suis douillet comme un enfant. Maintenant ne trouvez-vous pas qu'on pourrait faire revenir ma cousine? Elle aussi, je voudrais bien la voir, et je vous assure que pour mon repos cela vaudrait bien une discussion comme celle qui vient d'avoir lieu entre nous. Faites-lui donc signe par la fenêtre, si vous l'apercevez, de monter.

— Ah! mon neveu, s'écria Antoine, on ne peut pas être plus généreux, plus délicat que vous, et les larmes qui roulaient dans ses yeux glissèrent sur ses joues.

— Allez donc à la fenêtre, mon bon oncle, dit le colonel; vous apercevrez Thérèse sans doute.

— Je ne la vois pas, dit-il d'une voix saccadée par l'émotion.

— Si vous alliez la chercher vous-même, voulez-vous?

— Oui, j'y vais.

Il y avait à peine deux minutes qu'Antoine était sorti, lorsque la porte de la chambre s'ouvrit devant Thérèse.

— Votre père vous cherche.

— Je l'ai vu descendre; mais je suis montée toute seule en courant, parce que moi aussi j'ai à vous parler.

Elle se pencha sur le lit, après avoir instinctivement regardé autour d'elle pour voir si personne ne pouvait l'entendre.

— Mon cousin, dit-elle d'une voix précipitée, je sais que vous avez le cœur bon et généreux, et c'est à votre cœur que je viens faire appel.

— Mais, chère petite cousine, je suis à vous tout entier, et vous pouvez, je vous le jure, disposer de moi absolument; vous ne savez donc pas combien je vous suis attaché, combien j'éprouve pour vous de sympathie, de tendresse, de...

Il s'arrêta, car il se sentait entraîné, et ses paroles pouvaient aller plus loin qu'il ne le voudrait de sang-froid.

— Mon père est venu pour vous parler d'Anatole, n'est-ce pas ? dit-elle.

— Oui.

— Il le croit le complice de ceux qui ont voulu vous assassiner ; mais cela n'est pas, cette complicité n'existe pas. Anatole est innocent, je vous le jure.

Elle prononça ces quelques mots avec une foi si exaltée, qu'il se demanda sans trop réfléchir si elle avait quelques raisons pour parler ainsi.

— Vous avez des preuves de cette innocence ? dit-il.

— Je n'ai pas besoin de preuves, je la sens. Comment voulez-vous qu'Anatole ait eu la pensée de vous faire assassiner, vous son cousin, vous qui vous occupiez si généreusement de lui ?

— Vous n'avez donc pas parlé de votre conviction à votre père ?

— Il n'a pas voulu me croire. Pour lui, Anatole est coupable, et il veut que par générosité vous n'arrêtiez pas le cours de la justice ; il est coupable, il doit être puni. C'est-là ce qu'il est venu vous demander, n'est-ce pas ?

— Il est vrai.

— Eh bien ! moi, mon cousin, je viens vous demander le contraire. Sans doute, vous devez trouver cela bien mal à moi de me mettre en opposition avec mon père, alors surtout que ce père est un homme estimé et respecté de tous ; mais je vous prie de ne pas vous laisser toucher par cette considération et de ne voir que le but que je poursuis. Pour mon père, Anatole est coupable ; pour moi, il est innocent. Nous ne pouvons donc pas agir de même l'un et l'autre à son égard. Et puis, je l'avoue, car je ne veux pas vous tromper, quand même je croirais Anatole coupable, je viendrais encore vous demander sa grâce ; car, s'il n'est plus le fils de mon père, pour moi il est et sera toujours mon frère. On ne le connaît pas, on ne sait pas ce qu'il y a de bonnes qualités en lui, que moi je puis affirmer pour les avoir éprouvées.

— Je suis heureux de vous entendre parler ainsi et prendre hautement la défense de celui que tout le monde accuse.

— Ah! je savais bien que votre cœur m'entendrait. N'est-ce pas, que vous n'aiderez pas ceux qui veulent le perdre! Combien de fois a-t-on condamné comme coupables ceux qui réellement étaient innocents! Que faut-il pour cela? Le témoignage d'une personne qui inspire toute confiance.

— Alors ce que vous attendez de moi, c'est que je ne porte pas ce témoignage contre votre frère?

— C'est ce que j'ose vous demander.

— Eh bien! ma chère petite cousine, je ne le porterai pas ce témoignage.

— Ah! mon cousin.

— C'est par vous, chère Thérèse, que je sens l'innocence de votre frère, et c'est pour vous que je ne veux pas qu'il soit coupable.

Elle le regarda, comme pour comprendre ce qu'il y avait sous ces paroles.

— Ce que je veux dire, vous sera expliqué plus tard, chère enfant. Pour le moment, ce qui vous tourmente, n'est-ce pas? c'est de savoir ce que j'ai répondu à votre père, me demandant de ne pas m'opposer à l'œuvre de la justice?

— Oui, c'est cela.

— Autant que je puis me rappeler mes paroles, car je n'ai pas en ce moment la tête très solide, les voici : « Jamais, par mon fait, un homme qui porte le même nom que moi, qui est mon cousin, le fils du frère de mon père, ne sera mis aux mains de la justice. Vous voyez, ma chère Thérèse, que tout seul, sur ce lit, je sentais comme vous.

Maintenant laissez-moi vous dire que je suis heureux de cette union dans une même pensée.

Elle était debout près de lui, le regardant en face, lisant ses paroles dans ses yeux avant qu'elles arrivassent à ses lèvres. Se mettant à genoux, elle lui prit la main droite, qui était posée à plat sur le drap, et, dans un élan d'effusion, elle l'embrassa.

— Oh ! Thérèse, murmura-t-il, chère Thérèse !

Et, relevant sa main, il la lui posa sur la tête.

Pendant plusieurs secondes, plusieurs minutes peut-être, ils restèrent ainsi.

La première, elle s'arracha à ce trouble.

— Maintenant, dit-elle, j'ai encore une grâce à vous demander.

— Qui vous dit que je n'ai pas été au-devant de votre désir ?

— Peut-être ce désir n'est-il pas raisonnable, mais c'est vous qui prononcerez. D'ailleurs j'ai déjà assez changé de sentiment à son sujet pour ne pas me fâcher, quelle que soit votre décision. En venant, j'ai demandé à mon père la permission d'être votre garde-malade, en lui représentant que si quelqu'un devait être près de vous, c'était moi, assurément, votre plus proche parente. Mon père a compris mes raisons et il m'a accordé cette permission : « Oui, m'a-t-il dit, s'il y consent, car la parenté n'est pas nécessairement un lien sacré; elle peut être au contraire un obstacle à toute confiance; cela dépend du point de vue auquel on se place. »

— Comment mon oncle a-t-il pu dire une pareille parole en pensant à moi d'abord, à vous ensuite ?

— C'est par la réflexion seulement que je l'ai comprise et que j'ai senti ce qu'il y avait de désespoir dedans. Je suis donc arrivée ici avec l'intention de vous adresser ma demande; mais, en me promenant tout à l'heure dans le jardin, j'ai rencontré une belle dame que j'ai abordée. Je l'ai reconnue pour la marquise de Lucillière que j'avais vue aux courses de Longchamps, et elle-même m'a reconnue aussi. En parlant, elle m'a dit qu'elle était votre garde-malade. Alors, bien entendu, j'ai renoncé à mon projet. Mais vous venez de vous montrer si bon, si généreux pour mon pauvre frère que je voudrais vous témoigner toute ma gratitude. Comment le faire, sinon en vous donnant mon temps et mon dévouement ? Oh ! je ne prendrais pas la place de madame de Lucillière ; mais il me semble qu'une femme du monde comme elle, qui a des occupations, des devoirs, ne peut pas être toujours près de vous. J'y serais, moi, lorsqu'elle n'y serait pas. Voilà, mon cousin, ce que je vous demande.

Lorsqu'elle avait commencé à parler, il était loin de prévoir où elle voulait en venir ; mais, à mesure qu'elle s'était expliquée, il s'était si bien laissé prendre par l'étonnement que, quand elle se tut, il n'avait pas de réponse à lui faire.

Elle, sa garde-malade, dans ce château, auprès de madame de Lucillière ! Elle, qu'il avait voulu fuir et qui précisément venait à lui !

— Ma demande vous gêne, n'est-ce pas ? dit-elle. Ne cherchez pas des explications pour m'adoucir votre refus, je vois bien qu'elle n'était pas raisonnable. Je vous en prie, oubliez-la.

— Au contraire, je m'en souviendrai toujours.

Heureusement Antoine en rentrant vint mettre fin à cette situation assez embarrassante pour le colonel, et même pénible ; car, s'il n'avait consulté que son premier mouvement, il eût certes accepté la proposition de Thérèse.

— Je suis montée pendant que tu descendais, dit Thérèse à son père, et j'ai adressé à mon cousin ma demande.

— Eh bien ? dit Antoine.

— Mon cousin craint d'être indiscret envers M. le marquis de Lucillière.

Le colonel ne dit rien, mais il regarda Thérèse, qui détourna les yeux vers la fenêtre.

— Pourvu que nous puissions prendre le chemin de fer américain ce soir à Port-Marly, cela suffit, dit Antoine.

— Je vous ferai reconduire en voiture. Horace a besoin à Saint-Germain, il ira à pied et il ramènera une voiture qui vous emportera ce soir.

VI

Thérèse ne laissa paraître aucune contrariété, aucune bouderie, à propos du refus qui avait accueilli sa demande.

Elle s'installa auprès du lit de son cousin, et se montra d'humeur aussi égale, aussi enjouée, que si elle avait obtenu tout ce qu'elle désirait.

— Ma petite cousine, lui dit le colonel à un moment où Antoine, placé sur le balcon, ne pouvait pas les entendre, vous êtes un ange.

— Vous vous moquez de moi, n'est-ce pas, mon cousin?

— Je parle sincèrement, je vous le jure, avec une émotion qui doit se trahir au dehors et vous prouver le sérieux de mes paroles.

— Et pourquoi donc suis-je un ange? dit-elle d'un ton enjoué; car je vous assure que je ne m'en doute pas.

— Parce que vous avez le caractère le mieux fait, le plus droit que je connaisse.

— Et cela suffit pour faire un ange, un caractère égal et un cœur droit? Vous n'êtes pas exigeant.

— Vous ne vous souvenez pas de la peine qu'on vous cause.

— Je me souviens de la joie qu'on me donne et ce que vous avez fait pour nous aujourd'hui, pour mon frère et pour moi, je ne l'oublierai jamais.

La journée s'écoula assez vite, et, comme le moment du départ approchait, la marquise fit demander au colonel s'il pouvait la recevoir.

Bien entendu la réponse fut affirmative, et, quelques intants après, madame de Lucillière entra dans la chambre.

Elle salua Antoine gracieusement et fit à Thérèse une petite inclinaison de tête avec un sourire, la traitant comme une personne de connaissance.

— Monsieur, dit-elle, en s'adressant à Antoine, j'ai écrit tantôt un mot à notre cher colonel pour le prier de vous inviter à rester au château, si cela vous convenait. Notre ami ne m'a pas répondu et Horace vient de m'avertir qu'il avait amené une voiture pour vous conduire à Saint-Germain. Vous partez donc? Il ne m'appartient pas de vous retenir, ni vous, monsieur, ni votre charmante fille; mais j'ai tenu à vous dire que si vous vouliez rester auprès de votre neveu, nous serions heureux de vous recevoir. J'ai déjà mis le château à la disposition du colonel; mais qu'attendre d'un homme qui le lendemain même de sa blessure, voulait partir pour Paris?

En prononçant ces derniers mots, la marquise regardait Thérèse, et elle vit passer sur son visage comme un éclair de joie.

— Oui, mademoiselle, dit-elle en insistant, il voulait partir et il a fallu se fâcher pour le retenir.

Cette fois Thérèse ne broncha pas, elle regarda son cousin d'un œil impassible.

La marquise les conduisit elle-même à leur voiture; puis, quand ils furent partis, elle remonta auprès du colonel, qu'elle trouva la figure assombrie.

— Je viens vous tenir compagnie, dit-elle, pensant qu'il vous serait agréable de ne pas rester seul en ce moment, pourquoi n'avez-vous pas retenu près de vous M. Antoine Chamberlain.

— Parce qu'il vit de son travail et qu'il ne peut pas donner son temps.

— Et cette petite fille qui voulait être votre garde-malade? ne doit-elle pas être votre femme un jour?

Il eut un moment de contrariété. C'était la seconde fois que la marquise lui parlait de Thérèse, et rien ne pouvait lui être plus désagréable que ces interrogations.

— Vous m'avez déjà parlé de cette jeune fille, dit-il, et je vous ai répondu...

— D'une façon évasive; voilà pourquoi j'y reviens. Savez-vous ce que m'a dit votre ami Gaston, le jour où vous avez conduit votre jeune cousine à Longchamps!

— Gaston a été indiscret.

— Peut-être, mais je n'ai pas provoqué ses indiscrétions. Il est venu à moi avec une mine effarée, — et il m'a conté qu'il était désespéré, parce que vous, son ami, son cher colonel Chamberlain, vous étiez venu aux courses avec une jeune fille, charmante du reste, mais qui avait ce défaut capital à ses yeux que, par suite d'arrangements de famille, elle pouvait devenir votre femme un jour, ce qui était abominable, attendu qu'elle n'avait rien. A cela je lui répondis que c'était une sotte manie de vouloir que nos amis se mariassent pour nous. Mais il ne se tint pas pour battu et déclara qu'il fallait que vous fissiez un mariage digne de vous et de votre grande position. Là-dessus, vous ne devinerez jamais ce qu'il inventa et ce qu'il me proposa pour arriver à ce but?

— Il est de fait que je ne vois pas quel moyen il a pu inventer.

— Tout simplement que je vous rende amoureux de

moi, parce que, si vous m'aimiez, vous oublieriez votre petite cousine. Comment trouvez-vous votre ami?

— Je trouve que Gaston a une façon bien étrange de se mêler de ce qui ne le regarde pas, non seulement à propos de moi, mais encore à propos de vous.

— C'est ce que je lui ai dit. Mais enfin de ce qu'il était venu me raconter, dans son accès d'indignation, il ne résultait pas moins un fait positif : qui est ou, plus justement, qui était, en se rapportant aux assertions de votre ami, que vous deviez un jour ou l'autre épouser cette jeune fille. Voilà pourquoi j'ai cru pouvoir vous en parler sur un ton de plaisanterie, qui, je le vois bien, vous a fâché.

Au point où les choses en étaient arrivées entre le colonel et la marquise, chaque mot de celle-ci depuis que cet entretien était commencé, avait sa signification, alors même qu'il paraissait entièrement inoffensif. Jamais une parole d'amour n'avait été échangée entre eux, mais il était parfaitement entendu que le colonel aimait la marquise, et il était non moins admis que celle-ci ne se fâchait point qu'il l'aimât. Tel était le présent, l'avenir restant réservé.

Dans ces conditions, tout ce qui se rapportait à Thérèse avait donc une importance décisive.

Mais ce qui rendait les questions de madame de Lucillière plus graves encore, c'était la façon dont elles étaient posées.

Dans les choses de cœur et de sentiment, les paroles ne sont rien; le geste, le ton, la musique est tout. Ce qui trouble, ce qui convainc, ce qui entraîne, c'est un regard, une intonation, un silence.

Et madame de Lucillière était un maître incomparable dans cet art si difficile de faire entendre ce qu'on ne dit pas.

Ce qu'elle disait, elle n'en prenait pas grand souci, ayant fait admettre par son entourage qu'elle avait l'habitude de dire tout ce qui lui passait par la tête à tort et à travers, mais elle veillait avec un soin extrême à sa diction et à sa mimique.

Elle parlait sur le ton de l'enjouement avec sa ravissante figure tout en l'air, les yeux brillants, les lèvres continuellement souriantes, les narines palpitantes, d'une voix gaie, la physionomie pétillante d'esprit, se voilant seulement de temps en temps d'une nuance d'émotion que l'on contient.

— C'est mon père, à son lit de mort, dit-il, qui a eu l'idée de ce mariage; mais il ne me l'a pas imposé. De mon côté, je n'ai pas pris d'engagement. J'ai promis seulement de ne pas me marier, si je me mariais jamais, sans avoir vu la jeune fille qu'il me destinait.

— Et vous l'avez vue, il me semble?

— J'ai vu une enfant.

— Dites une jeune fille tout à fait charmante.

— Pour moi, elle n'est qu'une enfant.

— Alors les choses ne sont pas du tout arrivées au point que je supposais?

— Pas du tout.

— Mais elles peuvent y arriver, n'est-ce pas?

— Cela dépend.

— De qui? D'elle ou de vous?

La question était tellement directe, qu'il hésita un moment.

— D'elle, de moi, et...

— Et?

— Et de circonstances qui peuvent se produire.

— Ah! l'inconnu alors. Eh bien! n'en parlons pas.

— Cependant...

— Non, n'en parlons pas, je vous prie. C'est bien assez que je me sois engagée à l'étourdie dans cette question de mariage, n'allons pas plus loin.

Il y a une manière de dire n'allons pas là, qui précisément donne l'idée de faire ce qui est défendu.

C'était une manière que la marquise avait employée : ses yeux étaient en désaccord complet avec ses lèvres, et, en défendant au colonel de s'expliquer sur les circonstances qui pouvaient empêcher son mariage avec Thérèse, elle provoquait justement cette explication.

Mais en agissant ainsi elle ignorait ce qui s'était passé entre le colonel et Thérèse dans cette visite, et ne pouvait pas savoir que l'influence de celle-ci était en ce moment trop puissante pour être entamée par un mot plus ou moins habile, par une réticence ou par un sourire.

Heureux d'abandonner un sujet qui lui était pénible, le colonel se tut.

Elle attendit un moment.

Puis, voyant qu'il ne s'engageait pas sur la voie qu'elle aurait voulu lui faire prendre, elle revint par un chemin détourné, au point qui l'intéressait.

— Quand je pense, dit-elle, que, partant de l'idée que ce mariage devait se faire un jour ou l'autre, j'ai voulu vous arranger un tête-à-tête de plusieurs jours avec votre petite cousine. Comme c'était bien combiné ! comme je répondais bien à la confiance de notre ami Gaston.

— Vous êtes-vous donc engagée à faire ce que désirait Gaston ?

— Savez-vous que votre question est plus que vive ?

— Mais...

— Mais vous êtes malade, je vous pardonne. D'ailleurs je conviens que jusqu'à un certain point je l'avais provoquée, en ne pensant qu'à l'amour que dans ce tête-à-tête de plusieurs jours, vous pouviez ressentir pour cette jeune fille. Il me semble qu'elle est assez jolie pour inspirer une passion, et puis les soins qu'elle vous aurait donnés, les longues conversations, les prévenances qu'elle aurait eues, sa position même de sœur de charité, est-ce que tout cela n'aurait pas eu quelque chose de poétique qui à la longue aurait pu vous émouvoir, si vous n'êtes pas de glace, ce que j'ignore ?

— Vous savez bien...

— Je ne sais rien du tout et je ne veux rien savoir. Pas de paroles trop vives, n'oubliez pas que c'est là le fond même de notre convention. Vous n'êtes pas guéri, souvenez-vous-en. Maintenant cet amour eût-il été un bien ? eût-il été un mal ?

Il ne répondit pas; alors elle continua :

— Pour cette jeune fille, que moi je trouve charmante, malgré qu'elle n'ait rien et qu'elle ne soit rien, comme dit Gaston, vous pouviez donc vous prendre d'une belle et bonne passion qui vous aurait conduit à un mariage, car je vous crois trop galant homme pour ne pas épouser une jeune fille que vous aimeriez : la belle affaire, et comme j'aurais été fière quand j'aurais connu la vérité ! Maintenant, de ma sotte idée, il aurait pu sortir un résultat opposé à celui que nous venons d'examiner : c'est-à-dire que cette jeune fille aurait très bien pu se prendre d'amour pour vous. Vous admettez cela, n'est-ce pas ?

— Je ne sais pas ?

— Moi, je sais, et je vous assure que sur cet oreiller, avec ce visage pâle, cette grande barbe, ces yeux ardents, vous avez assez la physionomie d'un héros de roman ; et puis, quand on sait comment vous vous êtes défendu, on vous admire. Ainsi, moi, positivement je vous admire; ah ! pas comme un héros de roman, mais comme homme de courage et de résolution, ce qui est bien quelque chose de notre temps. Eh bien ! que serait-il arrivé ? Si elle vous avait aimé, si vous-même vous l'aviez aimée ; c'était parfait ; mais, si vous aviez été insensible à cet amour, la pauvre enfant, comme elle eût souffert ! car il n'y a pas de plus grand malheur en cette vie, que d'aimer celui qui ne vous aime pas. N'est-ce pas votre sentiment ?

— Assurément.

— Voilà pourquoi, revenant à mon point de départ, je dis que j'ai été folle et que vous, vous avez été sage. Aussi, mon cher colonel, sincèrement je vous félicite ; vous avez bien fait, très bien fait de ne pas accepter les soins de cette jeune fille, et de vous contenter des miens, quels qu'ils soient. Au moins, avec moi, il n'y a pas de danger, n'est-ce pas ?

VII

Madame de Lucillière était retournée à Paris, et elle y était restée. Seulement elle venait presque tous les jours à Chalençon, tantôt pour quelques courts instants, tantôt pour la journée, du matin au soir.

Depuis qu'il avait quitté son lit, le colonel se tenait allongé dans un grand fauteuil devant la fenêtre, et de là il voyait la marquise arriver, lorsque sa voiture, quittant la route, prenait l'avenue du château.

De loin, avec son mouchoir qu'elle agitait, elle lui adressait son salut. La voiture se rapprochait, on entendait les roues crier sur le gravier de l'allée ; puis elle s'arrêtait. Presque aussitôt il se produisait un bruissement d'étoffe dans l'escalier. La porte de la chambre s'ouvrait brusquement, comme si elle était poussée par l'ouragan, et du seuil une voix joyeuse criait :

— Me voilà ; c'est moi ! Comment allez-vous aujourd'hui ?

Elle s'avançait vers le colonel, les deux mains tendues, le visage souriant, vive, légère, comme si ses pieds n'avaient pas posé sur le parquet et comme si elle avait eu des ailes pour la soutenir, sans qu'elle touchât la terre.

Alors c'était un gracieux caquetage, fait d'interrogutions précipitées qui laissaient à peine place aux réponses.

— Vous avez passé une bonne nuit, n'est-ce pas ? Oui, cela se voit à votre mine. De qui avez-vous rêvé ? Pas de moi, j'en suis certaine. Plutôt de côtelettes et de poulet, comme hier, je parierais. O homme peu poétique. Américain grossier et affamé ! Mais je ne vous en veux pas ; je comprends que vous ayez faim après votre saignée et votre jeûne. Aussi, comme je prévoyais ce bel appétit, je vous ai apporté des provisions ; j'ai donné des ordres pour qu'on les monte. Nous allons faire la dînette ensemble ; moi aussi, j'ai une faim de loup. Horace, voulez-vous mettre le couvert, mon garçon ?

Horace s'empressait d'obéir, car il était en admiration devant la marquise : chaque fois qu'elle se tournait vers lui, son visage s'épanouissait et l'on voyait ses trente-deux dents blanches briller comme des perles. Il n'était point surpris de l'affection qu'elle témoignait à son maître, et même cela lui paraissait tout naturel : une femme unique comme la marquise devait aimer un homme unique tel que le colonel. Ils avaient été créés par le bon Dieu l'un pour l'autre. Mais enfin il lui savait gré de son entrain, de sa bonne humeur, de sa beauté, et de toutes ses qualités, qu'il énumérait les unes après les autres dévotement, comme s'il avait récité les litanies de la Vierge.

Bientôt la table était servie, et elle se plaçait vis-à-vis de son malade, qu'elle prenait plaisir à servir et à faire manger, exactement comme une petite fille qui joue à la dînette avec son bébé en carton pâte : « Mange, bébé ; sois bien sage, mange bien. »

Mais il n'y avait pas besoin d'adresser cette recommandation au colonel, qui, ainsi que le lui reprochait la marquise, rêvait souvent de côtelettes et de poulets.

Pour elle, il n'était pas non plus nécessaire de l'exciter

à faire honneur à sa collation, et il était bien rare qu'elle ne fût pas en appétit ; si cela arrivait parfois, elle ne refusait pas cependant de se mettre à table : du bout des dents, elle mordillait gracieusement une pâtisserie ou un fruit, et trempait ses lèvres dans un verre de vin.

La dînette achevée, elle faisait enlever la table ; puis, lorsque Horace s'était retiré :

— Maintenant, disait-elle, que voulez-vous : lire, chanter, faire de la musique, raconter des histoires? Parlez, commandez ; je suis ici pour que vous ne vous ennuyez pas.

— Vous voir.

— Cela peut devenir monotone à la longue.

— Pas pour moi.

— Vous vous endormiriez.

Elle s'asseyait en face de lui, et il restait les yeux fixés sur elle, la regardant, l'admirant, s'enivrant du charme qui se dégageait de sa beauté.

Elle ne disait pas un mot et se tenait les yeux mi-clos, en apparence insensible à ce qui l'entourait ; cependant elle voyait très bien les sentiments qui s'éveillaient et se développaient en lui, suivant exactement leur progression, comme si de sa main, qui restait posée sur l'appui de la fenêtre, elle lui eût tâté le pouls.

Elle attendait ainsi silencieuse jusqu'au moment où elle le voyait prêt à tendre les deux mains vers elle.

Alors, elle mettait vivement un doigt sur sa bouche ; et si elle n'avait pas d'histoire à conter, elle prenait un livre.

Ou bien, quand les livres l'ennuyaient, elle s'asseyait au piano, et ses doigts jouaient tout ce qui lui passait par la tête : une sonate de Mozart, qui lui était restée dans la mémoire du temps du couvent, ou bien la chanson à la mode de la dernière opérette.

A vrai dire même, la chanson lui venait plus souvent sur les lèvres que la sonate dans les doigts.

Elle avait une véritable passion pour le répétoire de Thérésa, et déclarait hautement que le *Sapeur* était un chef-d'œuvre et que la *Femme à barbe* était le dernier effort de l'esprit humain. Elle-même avait composé les paroles de plusieurs chansons de ce genre : *Une femme à la mer*, — *Ous'que ça me chatouille*, — *Oh! la la, que c'est drôle!* qui auraient pu être chantées sur la scène de l'Alcazar avec succès. La musique de l'une était d'un prince ; celle de la seconde, d'un grand compositeur, qui s'était prêté à ce caprice, espérant bien en être récompensé ; celle de la troisième, d'un ambassadeur auprès de la cour des Tuileries.

Le colonel ne raffolait pas précisément de la *Femme à barbe*, et, bien que cette bouffonnerie lui parût assez drôle, il ne trouvait pas, comme la marquise, que c'était le dernier effort de l'esprit humain ; mais, chantée par cette bouche spirituelle, accentuée par cette voix mordante, mimée par ces yeux pétillants d'esprit, il l'eût éternellement écoutée, et toujours avec plaisir.

« Tâtez, voyez... »

Eh! oui assurément, il se fût volontiers assuré « que ce n'était pas de la chair, mais que c'était du *marbe*. »

C'était ainsi que leur temps se passait, rapidement pour tous deux.

Tout à coup la marquise, comme si elle sortait d'un rêve pour rentrer dans la réalité, regardait l'heure à la pendule.

— Ah! mon Dieu! je serai encore en retard aujourd'hui, s'écriait-elle ; comme toujours d'ailleurs.

Elle se précipitait sur son chapeau et son mantelet, qu'elle jetait n'importe comment sur sa tête et sur ses épaules.

— Je vous verrai demain ?

— Eh ! oui, assurément.

Cependant, malgré cette promesse, il arrivait quelquefois qu'elle ne venait pas.

Alors la journée était longue pour lui à passer. Pour se distraire il regardait autour de lui les gazons veloutés du jardin et le jaune feuillage des arbres du parc, qui, comme les vagues d'une mer de verdure, ondulait sous la pression de la brise.

C'est le printemps : la saison était douce, et, sous les taillis du jardin, les rossignols sifflaient, tandis que, tout en haut des arbres, les pigeons ramiers faisaient entendre, du matin au soir, leurs roucoulements amoureux.

Pour quelqu'un dont le cœur et l'esprit eussent été libres, les heures passées à cette fenêtre eussent pu être agréablement remplies ; pour cela il n'y avait qu'à ouvrir les yeux et les oreilles.

En effet, bâti en amphithéâtre sur les confins de la forêt de Marly, le château voyait se dérouler devant lui un paysage fait à souhait pour le plaisir des yeux.

Immédiatement après la pelouse, qui touchait le perron, et à une assez courte distance, s'élevaient les toits du village, qu'on apercevait à travers une balustrade en pierre façonnée qui terminait une longue terrasse. Au delà du village s'étendait la plaine immense avec ses cultures aux couleurs variées et ses petits bouquets de bois, semés çà et là comme pour égayer sa nudité. A gauche, se succédaient, le long d'un petit ruisseau qui va rejoindre la Maudre, des prairies encloses de haies basses, dans lesquelles paissaient en liberté les poulinières et les poulains du haras.

Tout cela n'était pas très grand ni fait pour susciter des idées bien hautes ; mais cependant il y avait là un mouvement, une vie, qui ne laissaient pas l'esprit s'endormir dans un repos monotone. On entendait les bruits du village, le roulement des charrettes, les chants des ouvriers, les cris des enfants, le marteau de la forge; puis tout à coup le hennissement d'une poulinière qui appelait son petit, ou le galop précipité d'une troupe de poulains qui traversaient la prairie comme une volée de mitraille, s'amusant à lutter de vitesse entre eux, sans se douter que ce qu'ils faisaient en ce moment par plaisir, ils devraient le faire plus tard par travail, devant une foule qui les applaudirait ou les invectiverait, selon qu'elle aurait gagné ou perdu de l'argent en pariant sur eux.

Mais le colonel était peu sensible à ce paysage et à ce mouvement, c'était la marquise qu'il attendait, et bien vite, s'il se laissait distraire un moment, il revenait à sa préoccupation.

Quelquefois alors qu'il n'espérait plus la voir arriver, une voiture apparaissait dans l'avenue.

C'était elle.

Mais non, c'était une visite qu'on venait lui rendre : le baron Lazarus, le prince Mazzazoli, qui parurent plusieurs fois au château, témoignant au colonel l'intérêt le plus vif, sans qu'il fût possible de reconnaître lequel des deux était le plus inquiet; Gaston de Pompéran.

Ces visites étaient une déception; mais, le premier moment de contrariété passé, elles devenaient une distraction; tant qu'elles duraient, les minutes étaient moins longues.

Au nombre de ces visites, il y en eut une qui, commençant, comme toutes les autres, par la déception, ne se termina pas par la distraction.

Ce fut celle de M. Le Méhauté.

Depuis le jour de son interrogatoire, le colonel n'avait plus entendu parler du juge d'instruction, autrement que par son oncle Antoine.

A la façon dont le juge d'instruction entra dans sa

chambre, le colonel vit tout de suite que l'affaire d'Anatole avait dû prendre une mauvaise tournure.

— Savez-vous, mon cher colonel, dit M. Le Méhauté, que c'est merveille de voir comme vous vous rétablissez ?

— Vous dites cela comme si ce rétablissement allait trop vite.

— Il est de fait que, si vous aviez pu paraître devant les jurés dans l'état où vous étiez le jour où je vous ai interrogé, vous auriez enlevé d'emblée les condamnations même sans le secours du ministère public.

— Est-ce que je suis près de paraître devant les jurés ?

— Le moment approche, et, si vous voulez, vous pouvez l'avancer. C'est même pour cela que je viens vous voir. Vous aviez adressé Anatole Chamberlain au représentant de votre maison en Amérique, n'est-ce pas ?

— Oui.

— Depuis, avez-vous écrit à ce représentant de fermer sa porte devant celui qui avait voulu vous faire assassiner ?

— Je ne lui ai rien écrit du tout.

— Comment ! vous continuez votre bienveillance à votre assassin ?

Le colonel ne répondit pas.

— Je n'ai pas à apprécier ce sentiment, continua le juge d'instruction ; mais, en dehors de cet ordre d'idées que je n'aborde pas, laissez-moi vous dire qu'en agissant ainsi, vous entravez l'action de la justice. Si vous retirez votre protection à Anatole Chamberlain, il ne pourra pas rester en Amérique ; il sera forcé de revenir en France.

— Je désire qu'il ne revienne pas en France.

— Je vois que vous persistez dans l'idée qu'il n'est pas coupable : que diriez-vous, si je vous prouvais qu'il l'est. Tenez, lisez cette lettre qui a été saisie à la poste comme le seront à Paris toutes celles qui seront adressées en Amérique à M. Anatole Chamberlain.

Le colonel prit la lettre que le juge lui tendait :

« Ma chère belle,

» Je t'écris poste restante, à New-York, comme nous
» en sommes convenus avant ton départ.

» J'aurais voulu t'envoyer une dépêche, et je l'aurais
» fait assurément si je l'avais pu ; mais il y a impossi-
» bilité, pour plusieurs raisons que tu devineras sans que
» je te les explique.

» D'ailleurs à quoi bon une dépêche, quand je n'ai rien
» de nouveau ni d'important à te raconter ?

» Quand je dis qu'il n'y a rien de nouveau, il faut en-
» tendre que l'affaire que tu sais n'est pas faite ; elle a
» échoué, bêtement échoué. Je croyais cependant avoir
» bien pris toutes mes précautions et l'avoir mise dans
» les mains d'un homme capable. Mais que veux-tu ? il
» faut toujours compter sur l'imprévu. Les plus grands
» généraux ont perdu des batailles sûres. C'est mon
» homme qui a eu la maladresse de se faire rouler.

» Sans doute on pourrait recommencer, mais je ne
» crois pas avoir des chances pour le moment ; il faut
» attendre et voir avant de se décider, pour ne pas échouer
» une seconde fois, ce qui serait vraiment trop maladroit.

» Au reçu de cette lettre, je te prie de m'écrire pour
» me donner ton adresse là-bas, car je ne pense pas que
» tu aies l'intention de revenir de sitôt.

» Il n'est pas impossible que je te rejoigne, si mes af-
» faires continuent à aller mal ici et prennent une mau-
» vaise tournure, ce qui me paraît assez probable. L'A-
» mérique n'a rien qui me déplaise, au contraire.

» En attendant, crois à mon affection dévouée.

» Adélaïde. »

— Eh bien ! c'est une lettre de femme, dit le colonel.
— C'est une lettre du *Fourrier*, répliqua vivement le

juge, et elle annonce en termes détournés que votre assassinat a manqué. Maintenant croyez-vous à la culpabilité de votre cousin ?

— Je ne crois à rien, monsieur le juge d'instruction, et ne veux croire à rien. De même que je n'ai rien fait et ne ferai rien pour ramener Anatole en France ; au contraire, je ferai tout pour qu'il reste en Amérique.

VIII

Enfin le médecin donna au colonel, l'autorisation de quitter la chambre.

La marquise arrivait à Chalençon au moment où le médecin quittait le château.

— Je sortirai demain, dit le colonel, lorsque la marquise entra dans sa chambre. Viendrez-vous ?

— Je devais rester à Paris, mais je ne veux pas que cette bonne journée se passe sans moi ; je viendrai donc.

— De bonne heure ?

— De bonne heure.

— Et vous repartirez ?

— Vous voulez que je reste ici tout à fait ? dit-elle en le regardant avec un sourire où il y avait à la fois et de la raillerie et de la tendresse.

— Ce n'est pas cela que je voulais dire ; je demandais quand vous repartiriez ?

— Tard, le plus tard possible.

Le lendemain, le colonel se demanda s'il attendrait la marquise dans sa chambre ou bien s'il irait au-devant d'elle.

En l'attendant dans sa chambre, il aurait le plaisir de descendre avec elle en s'appuyant sur son bras.

Mais, en allant au-devant d'elle, il lui donnerait la preuve qu'il l'attendait avec impatience.

Ce fut à ce dernier parti qu'il s'arrêta, préférant au plaisir qu'il pouvait recevoir le plaisir qu'il pouvait donner: sans doute, la marquise serait sensible à son attention.

Un peu avant l'heure de son arrivée, il descendit donc sur ses jambes chancelantes cet escalier qu'il n'avait pas monté; les marches lui semblèrent bien hautes, et la pierre sur laquelle il posait ses pieds lui parut bien dure.

Mais avec quel bien-être il respira le parfum des feuilles et des fleurs, lorsqu'il traversa le jardin!

Il savait parfaitement qu'il avait été touché par la mort et qu'il était pour ainsi dire un ressuscité. Comme il faisait bon vivre : le bon soleil, les belles fleurs!

Les gens du château, qui ne l'avaient pas vu, mais qui avaient tant entendu parler de lui, le regardaient avec curiosité, et il les saluait affectueusement, heureux de revoir des hommes.

Il voulut aller jusqu'au bout de l'avenue, auprès de la maison du concierge, et là il s'assit sur un banc.

— Maintenant tu peux t'en aller, dit-il à Horace, qui l'avait accompagné.

Mais celui-ci ne l'entendait pas ainsi, et il fit très justement observer à son maître que pour une première sortie, il y avait imprudence à rester seul.

— C'est précisément rester seul que je veux; laisse-moi.

Horace hésita un moment; mais bientôt il comprit pourquoi le colonel voulait être seul, et il s'éloigna. Seulement, au lieu de rentrer au château, il alla se placer derrière un arbre d'où il pouvait voir son maître sans être vu; quand la marquise arriverait, il abandonnerait sa surveillance.

Au bout d'un quart d'heure environ, on entendit le trot de deux chevaux sur la route et le roulement d'une voiture; puis, presque aussitôt le concierge, sortant de son pavillon, alla ouvrir la grille à deux battants.

Le colonel quitta son banc et s'avança au milieu de l'allée.

La voiture, qui arrivait rapidement, s'arrêta, et la marquise sauta à terre, légère comme un oiseau.

— Eh quoi! dit-elle d'un ton de gronderie, vous ici? Quelle imprudence!

— J'ai voulu vous voir plus tôt.

— Vraiment, dit-elle en lui prenant le bras et en le posant sur le sien.

— Je n'ai pas pu attendre.

— Et moi qui me faisais fête de vous aider à descendre l'escalier!

— Moi, je me suis fait fête de vous surprendre. Ai-je eu tort?

— Je ne dis pas cela, et, puisque vous n'avez pas voulu vous servir de mon bras dans l'escalier, servez-vous-en au moins dans le parc. Allons, appuyez-vous, n'ayez pas peur; je suis forte.

Elle l'entraîna doucement.

— Où voulez-vous aller?

— Où vous voudrez, pourvu que nous soyons ensemble. Je ne connais pas ces jardins, ce parc que j'ai traversé, les yeux fermés, quand on m'a apporté ici comme un mort. Aujourd'hui, que je les ouvre, tout me paraît charmant : le printemps est plus beau cette année qu'il n'a jamais été, les feuilles ont une verdure veloutée que je ne connaissais pas, les fleurs exhalent des parfums que je respire pour la première fois. Il me semble que je nais à la vie, non comme un enfant dont les sens sont engourdis pour tout, excepté pour la souffrance; mais comme un homme dont les sens, arrivés au plus haut degré d'excitation, sont prêts à jouir de tout.

Ils marchaient doucement, d'un même pas, sous les

grands arbres de l'avenue, qui les couvraient de leur ombrage : c'était le colonel qui appuyait son bras sur celui de la marquise, et c'était elle qui réglait leurs pas ; pour l'écouter, elle se haussait vers lui, et alors elle posait presque sa tête contre son épaule.

— Eh bien ! dit-elle, vous vous taisez ?

— Vous riez de mon enthousiasme de collégien échappé.

— Ah ! certes, non ; je l'admire. Êtes-vous heureux d'avoir cette jeunesse et cette intensité de sentiment. Savez-vous que vous êtes un original dans notre monde ?

— Vous disiez l'autre jour un sauvage.

— Précisément, et voilà pourquoi tout à l'heure je vous disais : « Vous vous taisez. » C'était une invitation très sincère à continuer ; car, si vous êtes heureux de tout ce qui vous entoure, moi, je suis heureuse de vous entendre.

— Heureuse ? dit-il en se penchant vers elle et en la regardant.

— Oui, heureuse, très heureuse. Vous êtes le nouveau, l'inconnu ; vous parlez une langue que je n'ai jamais entendue.

— Et que vous comprenez ?

— Oh ! cela pas toujours, ou tout au moins quand elle fait naître en moi des idées ou, plus justement, des sentiments qui me paraissent inexplicables. Ainsi comment se fait-il que, depuis que je vous connais, j'aie été entraînée maintes fois, et sans savoir pourquoi, à dire comme à faire bien souvent ce qui n'était ni dans mon caractère, ni dans ma nature, ni dans mes habitudes. C'est là ce que je me suis demandé et ce que maintenant je vous demande, puisque je ne trouve pas moi-même de réponse.

En parlant ainsi, elle tenait la tête levée vers lui, et ses yeux alanguis expliquaient ce qu'elle mettait d'obscur à dessein dans ses paroles embarrassées.

Aussi, complétées par le regard, ces paroles devenaient-elles parfaitement claires, et ne pouvait-il pas se méprendre sur leur sens.

— C'est que sans doute, dit-il après un moment de silence, vous subissez une influence qui vous domine et vous attire.

— Ah! rien n'est plus vrai.

Bien qu'ils marchassent lentement, ils étaient sortis de l'avenue, et, après avoir suivi une allée du parc, ils étaient arrivés devant un pavillon caché sous une végétation de plantes grimpantes.

— Entrons là, dit madame de Lucillière; vous pourrez vous reposer un moment; pour votre premier jour de sortie, il ne faut pas faire d'imprudence.

Il se laissa conduire, et il s'assit auprès de la marquise, sans avoir bien conscience de l'endroit où il se trouvait et des choses qui l'entouraient : son esprit était ailleurs, il était aux paroles qu'il venait d'entendre et qui faisaient bouillonner le sang dans ses veines.

— Comment êtes-vous? dit-elle d'une voix maternelle.

— Ah! je ne sais pas; je vous en prie, ne parlons pas de cela; je suis bien, très bien, aussi bien qu'on peut être; je ne me suis jamais senti aussi vivant; reprenons plutôt ce que nous disions quand nous sommes entrés ici.

— Et que disiez-vous donc ou plutôt que disais-je moi-même?

Elle le regarda comme si elle allait lire en lui, sur son visage et dans ses yeux, les dernières paroles qu'elle avait prononcées.

— Oh! les paroles importent peu, par elles-mêmes, dit-il; c'est leur sens qui me touche et qui m'entraîne. Tout à l'heure précisément vous parliez de cette puissance mystérieuse qui s'exerce sur nous, sur notre cœur, sur nos idées, sur nos sentiments, sans que nous puissions comprendre l'influence qui nous domine.

— Ah! oui, c'est vrai, et je vous demandais, n'est-ce pas, de m'expliquer à quoi tenait cette influence, d'où elle venait, et comment elle nous dominait à notre insu? Vous avez réponse à cette question?

— Oui, si vous voulez me permettre de parler franchement.

— Mais vous savez bien que ce qui me plaît par-dessus tout en vous, c'est votre franchise.

Il garda un moment le silence; puis tout à coup, se tournant vivement vers elle, de sorte qu'ils se trouvèrent bien en face l'un de l'autre, les yeux dans les yeux :

— Si je tenais tant, dit-il, à passer avec vous cette journée où, pour la première fois, je redeviens moi-même en cessant d'être un malheureux malade, qui ne peut inspirer que la pitié...

— Dites la sympathie, l'intérêt, l'affection, le dévouement, tout ce que vous voudrez; mais pas la pitié. Vous ne vous souvenez donc pas que je vous ai avoué qu'au moment où l'on vous a descendu de voiture, je vous avais trouvé superbe?

— Si j'ai tenu si vivement à nous assurer ce tête-à-tête, c'est que je voulais reprendre ou plutôt avoir avec vous l'entretien que je vous avais demandé à notre première entrevue au bois de Boulogne.

— Entretien que je vous avais accordé et que vous n'avez pas abordé, disant, si je m'en souviens bien, que vous le remettiez à une heure où je serais plus libre de vous entendre.

— Et pour lequel je venais ici. Eh bien! ce que je voulais vous dire au bois de Boulogne, ce que je voulais vous dire en venant ici, ce que j'ai résolu de vous dire pendant les journées de ma maladie, où j'ai pu mieux vous voir et vous mieux connaître, c'est que sur moi s'est établie une influence qui me domine et qui m'entraîne, mais qui n'exerce pas sa puissance sur mon cœur à mon insu : c'est que je vous aime.

— Vous, vous m'aimez !

— Je vous aime. Ah ! je vous en prie, ne détournez pas les yeux !

— Pourquoi les détournerais-je ? Il n'y a rien dans vos paroles qui ne me rende parfaitement heureuse.

— Heureuse !

Et il étendit le bras pour l'attirer contre lui ; mais vivement elle se leva et, reculant de deux pas :

— N'oubliez pas où vous êtes ! dit-elle.

— Mais près de vous.

— Oui, près de moi ; mais chez M. de Lucillière, dans sa maison.

Il resta un moment déconcerté et — ce qui était plus grave dans sa situation, — décontenancé, le bras tendu, les yeux fixés sur ceux de la marquise, sans rien pouvoir lire de ce qui se passait en elle.

Madame de Lucillière était devant lui, à deux pas, et elle le regardait. Nul trouble en elle, nulle émotion apparente ; le sourire sur ses lèvres et dans ses yeux, qu'elle tenait attachés sur lui.

Il voulut s'avancer vers elle ; mais, de sa main étendue en avant, elle le maintint sur le canapé.

— Je vous ai adressé une demande, vous ne m'avez pas répondu.

— Et que voulez-vous ? que demandez-vous ? s'écria-t-il.

— Une chose bien simple : l'engagement formel de vous rappeler où vous êtes et qui je suis.

Comme il se taisait, la regardant avec des yeux troublés :

— Eh bien ? demanda-t-elle.

Il secoua la tête.

— Tenez, dit-elle, laissez-moi simplifier ma demande ; je ne vous parle plus de cette maison, je ne vous parle plus de moi, je ne vous parle plus de personne autre que vous. Faites-moi la promesse de vous rappeler qui vous êtes vous-même, et je reprends ma place, là, près de vous, à vos côtés, pleine de confiance, heureuse de vous écouter, heureuse de vous voir.

— Ai-je ma raison?

— Vous la retrouverez quand vous aurez pris l'engagement de vous rappeler que vous êtes un homme d'honneur, et quand vous penserez que c'est en cet homme que je me fie, en celui qui a mon estime, mon affection. Ne le prendrez-vous pas, cet engagement qui nous donnerait la liberté de nous entretenir, côte à côte, sans crainte, loyalement, franchement, à cœur ouvert? Allons, mettez votre main dans la mienne, regardez-moi.

Elle s'était encore rapprochée, et elle le brûlait de son haleine.

Elle était si près de son visage, qu'il ne la voyait plus que confusément.

Il rejeta sa tête en arrière pour mieux la regarder.

— Allons, dit-elle, la main, donnez la main.

Il avança le bras; elle lui prit la main, qu'elle serra dans les siennes.

— Maintenant jurez, dit-elle.

— Et que voulez-vous que je jure?

— Jurez que vous vous souviendrez que vous êtes un homme en l'honneur duquel je me fie...

— Mais...

— Oh! ce n'est pas un serment pour l'éternité que je demande, et je veux tout de suite le limiter; il ne vous engagera que jusqu'au jour où je vous le rendrai.

— Et si vous ne me le rendez jamais!

— Quel homme vous faites, quel Américain pratique! Allons, rassurez-vous. Je vous jure qu'un jour...

— Un jour?

— Oh! je ne dis pas lequel; mais enfin un jour qui

arrivera... plus tôt que vous ne pensez... bientôt, peut-être, je vous le rendrai. Maintenant que j'ai juré, voulez-vous jurer à votre tour ?

— Oui, tout ce que vous voudrez, je le promets, je le jure.

— La main dans la main ?

— La main dans la main.

— Les yeux dans les yeux ?

— Oui, je le jure, je le jure !

Alors, par un mouvement rapide, sans lui avoir abandonné la main, elle se trouva assise près de lui comme elle était avant de se lever, un peu plus rapprochée seulement et mieux en face.

— Maintenant, dit-elle en rejetant sa tête en arrière, causons ; vous m'aimez, vous m'aimez donc ? Oh ! il faut me le dire comme tout à l'heure, aussi bien, avec la même voix, avec les mêmes yeux ; il faut me le dire, il faut me le dire toujours, et toujours, et encore.

Puis, s'interrompant tout à coup et le regardant en riant :

— Mais nous ne pouvons pas causer librement, dit-elle, si nous nous traitons ainsi sérieusement et avec cérémonie... Votre petit nom ?

— Édouard.

— Bien. Désormais je vous appellerai ainsi. Voyons, comment cela sonne-t-il à l'oreille, Édouard ? C'est un peu dur, n'est-ce pas ? Mon cher Édouard, c'est beaucoup mieux. Ne trouvez-vous pas que cela donne tout de suite de la douceur : « Mon cher Édouard ! » Mais c'est charmant. Moi, vous le savez, je m'appelle Henriette. Dites un peu : Henriette.

— Henriette.

— Oh ! non, cela ne va pas. Malgré votre excellente prononciation française, vous avez quelque chose de trop aspiré, qui sent l'Anglais. Je ne pourrais pas m'entendre appeler ainsi. Essayez un peu : « Ma chère Henriette. «

— Chère Henriette !

— C'est parfait; ce nom, que je n'aimais guère, est charmant, prononcé par vous.

— Ah ! chère Henriette, si vous pouvez être aussi adorable, comment, d'un autre côté, et en même temps, pouvez-vous vous montrer aussi cruelle ?

— Cruelle, moi ! En quoi donc voyez-vous que je suis cruelle ?

— Et ce serment ?

— Oh ! ne vous plaignez pas, mais plutôt réfléchissez, si vous avez l'esprit porté à la réflexion en ce moment, et vous verrez que ce serment contre lequel vous vous débattez n'est pas fait pour décourager votre amour, mais bien plutôt qu'il doit l'affermir. Que pensez-vous de moi, mon cher Édouard ? Parlez franchement.

— Que vous êtes la femme la plus séduisante qui soit au monde.

— Oui, cela vous le pensez, je le crois, puisque vous m'aimez, et que la femme qu'on aime est toujours la plus charmante des femmes. Mais ce n'est pas cette réponse que ma demande cherchait; nous n'en sommes plus à nous faire des compliments. Ce que je voulais savoir, c'est ce qu'on vous avait dit de moi dans le monde.

Comme il se taisait, ne sachant que répondre à cette question :

— Votre hésitation répond pour vous, reprit-elle, et, pour vous éviter l'embarras de répéter ce qu'on s'est chargé de vous apprendre, je vais vous le dire moi-même : on vous a expliqué, n'est-ce pas, que la marquise de Lucillière était une femme légère ?

— Mais...

— Oh ! n'essayez pas de le nier. Je sais à peu près ce que dans un certain monde on pense de moi. Parce que je me suis placée au-dessus de sots préjugés bourgeois qui n'étaient ni de ma race ni de mon éducation, parce que j'aime mieux la compagnie des hommes qui pensent que celle des femmes qui bavardent, parce que je ne prends jamais souci du qu'en dira-t-on et ne fais que ce qui me plaît, on a trouvé juste et naturel de dire, sans en rien savoir, que j'étais une femme légère. J'avoue qu'en général cela m'est indifférent et que je ne lèverais pas un doigt pour changer cette opinion courante; mais encore est-ce à une condition qu'elle ne sera adoptée que par des gens qui ne me connaissent pas, et pour lesquels je n'ai ni estime ni affection. Que cette opinion, que vous aviez reçue toute faite, fût la vôtre lorsque vous êtes venu chez moi pour la première fois, cela n'avait pas d'importance, et je trouve tout naturel que, partant de cette idée, vous vous soyez dit que la marquise de Lucillière était une femme à laquelle il était agréable de plaire, en ajoutant tout bas que cela d'ailleurs ne devait pas être bien difficile, et qu'il fallait risquer l'aventure.

— Comment pouvez-vous penser?

— Penser? Je ne pense pas, je suis certaine que telle a été votre idée première; et, si voulez être franc, vous avouerez que, lorsque vous m'avez demandé un entretien au bois de Boulogne, c'était ainsi que vous raisonniez à mon égard. Est-ce vrai?

— Il est vrai que je ne vous connaissais pas alors comme maintenant.

— Cette phrase est pleine de politesse, mais je sais ce qu'elle veut dire. Il est vrai que vous trouviez alors que j'étais une femme assez jolie. Est-ce assez jolie?

— Adorable.

— Mettons adorable, cela ne fait rien à mon raisonnement. Enfin que j'étais une petite poupée qui ferait très bien à votre boutonnière. Quand, plus tard, vous verriez mon nom dans les journaux de *high-life*, ou quand vous entendriez parler de moi, vous vous diriez avec un sourire de satisfaction : « Et moi aussi, j'ai été l'amant de cette jolie marquise! » Ne me répondez ni oui ni non, c'est inutile. Je sais à quoi m'en tenir. Telle était donc à ce moment votre opinion à mon égard. Je vous plaisais, et même je vous plaisais d'autant mieux, que je ne devais pas vous présenter une résistance invincible. De sorte que, pendant votre séjour à Paris, je pouvais vous offrir une distraction agréable. Supposons un moment que j'aie été la femme dont on vous avait parlé : qu'aurais-je fait en écoutant notre aveu ? Assurément, avec les sentiments que j'éprouvais pour vous, je ne vous aurais pas repoussé, et j'aurais mis ma main dans la main que vous tendiez, sans résistance, sans penser à exiger ce serment. Mais ce serment que j'ai eu la force d'exiger de vous, vous obligera à me mieux connaître, et vous achèverez dans les heures de l'intimité ce que vous avez commencé dans les heures de la maladie. Qui sait? la femme vaut peut-être mieux que la garde-malade. C'est à voir. Ne voulez-vous pas en tenter l'épreuve ?

— Oui, ce que vous voudrez, tout ce que vous voudrez, rien que ce que vous voudrez.

— Vous verrez qu'à côté de la marquise de Lucillière, qui traverse la vie en riant, il y a une femme qui a un cœur. Alors vous m'aimerez autrement peut-être, vous m'aimerez mieux qu'en ce moment. C'est cet amour que je veux; c'est cet amour que vous me donnerez, n'est-ce pas, mon cher Édouard?

La première, elle se leva

— Ne voulez-vous pas, dit-elle, que nous continuions notre promenade? Si vous n'êtes pas fatigué, je désirerais vous montrer deux ou trois endroits agréables de ce parc.

— Et que m'importe ce parc? c'est vous, vous que je veux voir.

— N'aurez-vous pas plaisir, quand je ne serai pas ici, à revenir où nous avons été ensemble? N'aurez-vous pas plaisir à vous rappeler ce que nous avons vu ensemble ?

Ils continuèrent leur promenade, côte à côte, serrés l'un contre l'autre, parlant bas, s'arrêtant et restant longtemps en face l'un de l'autre, les mains unies dans une même étreinte.

La journée s'écoula comme un rêve ; les ombres, en s'allongeant dans les allées, les avertirent qu'il fallait penser à rentrer.

D'ailleurs le colonel avait les mains brûlantes et la tête en feu : c'était trop de fatigue, trop d'émotions pour ses forces.

Le médecin, qui survint, surpris de cette recrudescence de fièvre, ordonna le lit et le repos.

Le colonel voulut résister, mais la marquise ne le lui permit pas.

— Que nous donneraient quelques heures de plus ? dit-elle.

— Vous allez donc partir ?

— Non, je vais dîner près de vous, mais à condition que vous serez sage comme un malade ; laissez-moi reprendre mon rôle de garde-malade pour un jour, le dernier ; demain, c'est la femme qui viendra vous voir.

Il fallut bien qu'il cédât et se remît aux mains d'Horace.

La marquise, comme elle le lui avait promis, dîna dans sa chambre, sur une petite table, en face de lui ; mais elle ne lui permit pas de parler.

— Si vous parlez, je pars ; si vous ne parlez pas, je ne vous quitte que quand vous serez endormi.

La nuit vint, on ferma les volets et on apporta une lampe. Pendant assez longtemps ils restèrent silencieux ; puis la marquise, prenant la lampe, passa dans la chambre voisine ; tout à coup, il lui sembla entendre un pas léger sur le tapis.

On marchait doucement en se dirigeant vers son lit.

— Vous êtes là ? dit-il.

On ne lui répondit pas. Mais, presque aussitôt, il sentit un souffle tiède lui passer sur la face, et deux lèvres brûlantes se posèrent sur ses lèvres.

Il voulait la retenir, déjà elle s'était éloignée.

— A demain ! dit-elle de la porte.
— Henriette !
— A demain !

Elle était partie.

IX

Il attendit le lendemain avec une impatience qui par moment devenait une véritable angoisse.

Mais elle ne vint pas; elle envoya un billet de quelques lignes pour s'excuser et dire qu'elle était, à son grand regret, retenue à Paris.

Puisqu'elle avait manqué à sa promesse, elle pouvait bien encore ne pas la tenir; quelle femme séduisante, mais décevante aussi, insaisissable comme l'oiseau qui se laisse approcher et s'envole lorsque la main se lève pour le prendre.

Cependant elle vint le lendemain, mais elle n'était pas seule : mademoiselle Belmonte était avec elle.

Comme il lui exprimait sa surprise et son mécontentement à propos de cette visite, elle se mit à rire.

— Soyez convaincu, dit-elle, que je n'ai pas pu ne pas l'emmener. Tout d'abord j'ai été contrariée de cette obligation, pour vous d'abord, qui, j'en étais certaine, seriez fâché de voir notre tête-à-tête rompu, et puis aussi pour moi, qui, non moins que vous, désirais ce tête-à-tête.

— Si vous l'aviez désiré comme moi...

— Vous ai-je montré que celui d'avant-hier m'avait été

désagréable ? Je vous disais donc que tout d'abord j'avais été contrariée ; mais en y réfléchissant, j'ai trouvé que cette visite de la belle Carmelita avait quelque chose de bon. En ces derniers temps, je suis la seule femme que vous ayez vue, et tout naturellement vous m'avez accordé des perfections avec d'autant plus de libéralité que vous n'aviez pas de terme de comparaison. Je veux être choisie entre toutes : c'est mon orgueil. Aujourd'hui j'ai amené la belle Carmelita, demain j'inviterai la charmante Ida à m'accompagner.

— Ah ! je vous en prie, chère Henriette, ne faites pas cela.

— Et pourquoi donc ? Il me semble qu'il y a une satisfaction réelle à se voir préférée à deux jeunes filles aussi différentes entre elles, mais aussi véritablement belles que Carmelita et Ida. Affirmerez-vous que, le jour où vous avez dîné chez moi pour la première fois, vous étiez de sang-froid, lorsque vous vous êtes levé de table, et que vous êtes resté hésitant entre ces deux jeunes filles, qui, l'une et l'autre, attendaient votre bras. Croyez-vous que je n'aie pas remarqué le regard qui s'est échangé entre vous et Carmelita, lorsque vous vous êtes enfin tourné vers celle-ci. De pareils regards en apprennent long à ceux qui les saisissent. Il me plaît donc maintenant de vous mettre en leur présence, de sorte que vous puissiez choisir entre elles et moi. Ah ! certes, je tiens à votre amour, mais il aura cent fois plus de prix à mes yeux et il me sera bien plus doux, s'il est une réelle préférence. Vous voilà donc, mon cher Édouard, transformé en berger Pâris ; vous tenez la pomme entre vos mains, nous verrons à qui vous la donnerez : la Parisienne, l'Italienne, l'Allemande. Mais c'est là une situation très drôle, je ferais une chanson avec cela. Il est bien entendu, n'est-ce pas, que nous nous présenterons devant vous dans un costume moins primitif que celui du tableau de Raphaël ?

Elle vint donc à Chalençon en se faisant accompagner presque toujours d'Ida ou de Carmelita, tantôt de l'une, tantôt de l'autre, quelquefois même de toutes les deux.

Mais le colonel était trop furieusement épris de sa « chère Henriette » pour se laisser toucher par d'autres yeux que par les siens.

Ce qu'elle avait expliqué en riant s'était bien vite réalisé : ce qui était caprice tout d'abord avait rapidement pris un caractère sérieux.

Aussi avait-il hâte maintenant de quitter Chalençon et employait-il auprès de son médecin autant d'adroits détours, pour partir tout de suite, qu'il en avait employé naguère pour rester.

Pour madame de Lucillière, qui connaissait les vraies raisons de ce changement, elle ne se montrait pas mieux disposée à ce départ.

— Vous n'êtes donc pas heureux ici ? disait-elle.

— J'espère être plus heureux à Paris : je ne serai pas chez vous.

— Et où nous verrons-nous ? Au théâtre, aux courses, dans le monde où nous nous rencontrerons, croyez-vous que nous trouverons dans ces conditions la liberté dont nous jouissons ici ? Croyez-vous qu'une femme comme moi puisse aller au Grand-Hôtel ? Mais, mon ami, tout Paris le saurait le lendemain.

— Je ne tiens pas au Grand-Hôtel et je puis me loger ailleurs.

— J'aurais voulu, mon ami, que vous eussiez cette idée de vous-même et qu'elle ne fût pas suscitée par cette discussion. Est-ce que, si vous m'aimez sincèrement, vous pouvez rester dans un hôtel ? N'est-ce pas me dire d'une façon indirecte : « Vous savez que le jour où je ne vous aimerai plus, je retourne en Amérique. » Est-ce que vous pouvez avoir la pensée de quitter jamais Paris, de vous éloigner de moi, de m'abandonner ? Est-ce que ce ne serait pas me donner une preuve d'amour à laquelle je serais sensible et qui m'inspirerait confiance, que de vous établir à Paris d'une façon définitive ? Qui vous en empêche ? Avec votre fortune, vous pouvez vous passer toutes vos fantaisies, n'est-ce pas ? Pourquoi n'achèteriez-vous pas un hôtel près du mien ? Est-ce qu'il est digne d'un homme dans votre position de rester en camp volant ? Cela est par trop Américain. Je veux, si vous m'aimez, que vous soyez le roi du monde parisien. On veut bien m'accorder une certaine influence dans ce monde. Il me plaît de la mettre à votre service pour vous guider dans ce que vous ignorez, en votre qualité d'étranger. Vous avez tout ce qu'il faut pour obtenir cette royauté : la fortune d'abord, puis l'originalité, et toutes ces qualités qui font que vous êtes vous, c'est-à-dire une personnalité sur laquelle on est obligé malgré tout de fixer les yeux. Eh bien ! je veux que vous ayez ce succès ; je veux être fière de vous, non seulement dans l'intimité, mais devant tous. Peut-être penserez-vous que c'est une faiblesse ou tout au moins de la vanité mal placée. Je ne crois pas, et d'ailleurs je suis ainsi, qu'il faut que j'aie l'orgueil de celui que j'aime. Mais, pour ce rôle que je vous veux voir prendre d'autorité, la première condition, l'instrument, si l'on peut dire, c'est l'hôtel où vous puissiez vous établir convenablement, recevoir, donner des fêtes, exercer votre royauté.

— Dites-moi vite où il est ; demain il sera à moi, après-demain je pourrai vous y recevoir.

Mais les choses ne s'arrangèrent pas avec cette rapidité.

Madame de Lucillière voulut que le colonel visitât avant tout l'hôtel qu'elle avait en vue, et pour cela il fallut attendre qu'il pût faire le voyage de Paris.

Situé dans le quartier du parc Monceaux cet hôtel joignait par son jardin celui du marquis de Lucillière. Mais, tandis que l'un était tout flambant neuf, l'autre avait un caractère tout opposé. Il était resté en tout et pour tout un hôtel du dix-huitième siècle, exactement comme s'il eût été touché de la baguette de la fée de la *Belle au bois dormant*, cent ans auparavant : grands appartements, vastes dépendances, beau jardin ombragé de vieux arbres. Il appartenait à une vieille famille de grande noblesse, appauvrie en ces derniers temps, mais qui était cependant encore assez à son aise pour attendre qu'il eût acquis une plus-value, lui permettant de se reconstituer une fortune en le vendant.

Le colonel chargea ses banquiers d'arranger cette affaire, et, comme ils avaient l'ordre de ne pas s'attarder dans des discussions et d'accorder tout ce qu'on demanderait, elle fut vite faite.

Mais ce n'était pas tout : il fallait maintenant lui faire subir quelques travaux d'appropriation indispensables, il fallait le meubler, il fallait mettre des chevaux dans les écuries et des voitures sous les remises ; des fleurs dans la serre, des plantes dans le jardin ; enfin il fallait organiser le service que comportait une maison de cette importance, tout un monde de détails et de tracas.

Bien entendu, le colonel ne resta pas à Chalençon jusqu'au moment où son hôtel fut prêt à le recevoir, et il revint s'établir en attendant dans son appartement.

Chaque jour il voyait la marquise, mais chez elle, ou bien au Bois, ou bien dans les maisons où le hasard les réunissait ; jamais dans l'intimité du tête-à-tête.

Ces obstacles, au lieu d'affaiblir le sentiment qu'il éprouvait pour elle, l'avaient exaspéré ; c'était une véritable possession : il ne voyait qu'elle, il ne vivait que pour elle.

Vingt fois, cent fois, il l'avait priée, suppliée, de le dégager de son serment, qu'elle lui rappelait sans cesse ; toujours elle avait résisté.

— Non, pas encore. Ce serment, je vous le rendrai, je vous le jure ; mais laissez-moi choisir mon jour et mon heure, et surtout ne croyez pas que j'agis ainsi pour irriter votre amour : je veux, au contraire, l'éterniser. Vous m'aimez, je vous adore. Aussi je ne veux pas qu'un amour tel que le nôtre ait un dénoûment vulgaire. Oui, je pourrais vous remettre ce serment. Oui, je pourrais vous rendre heureux, car je ne doute plus de vous et sens que la passion que je demandais a envahi ce cœur tout entier. Mais je veux un bonheur plus grand, plus complet, pour vous, pour toi, pour moi. Je ne veux pas qu'il y ait entre nous une minute d'égarement, d'entraînement ; je veux que tout soit volontaire et recueilli. Enfin je veux un sanctuaire à nos souvenirs, où nous puissions toujours les retrouver intacts. Pressez vos gens.

Il n'avait pas besoin de cette excitation : chaque fois qu'il la quittait, il allait visiter son hôtel, pour presser les ouvriers, ou chez ses fournisseurs, pour les rappeler à l'exactitude, et, jetant l'argent à pleines mains, il obtenait des miracles.

Du sous-sol aux combles, l'hôtel était plein d'ouvriers, peintres, menuisiers, plombiers, tapissiers, qui travaillaient jour et nuit, en deux brigades, l'une remplaçant l'autre.

Un jour que le colonel traversait la salle à manger, il lui sembla reconnaître dans un ouvrier qui, tourné vers le mur, dessinait un panneau en bois, la tournure de son oncle Antoine.

Il s'approcha. C'était bien Antoine ; mais celui-ci, absorbé dans son travail, ne l'avait pas vu venir. Il fallut que le colonel lui mît la main sur l'épaule pour qu'il levât les yeux.

— Comment, mon cher Edouard, c'est pour vous que je travaille ?

— Vous n'en saviez rien ?

— On m'a dit de venir relever ces panneaux, pour en faire deux neufs destinés à remplacer ceux qui sont pourris ; je suis venu, sans demander le nom du propriétaire. Que m'importait, puisque ce n'était pas lui qui devait me payer ; et puis, franchement, j'étais loin de me douter que le propriétaire, c'était vous. Comment ! vous avez acheté ce bel hôtel ? Alors vous allez donc vous établir tout à fait à Paris ? En voilà une bonne idée, et pour nous de la joie, pour Thérèse comme pour moi. Nous disions toujours : il retournera en Amérique ! Mais non, vous restez à Paris. Ma foi ! mon neveu, une poignée de main. J'ai hâte de retourner à la maison pour y porter cette bonne nouvelle.

Le colonel fut fâché de cette rencontre ; il n'était pas dans des conditions à vouloir qu'on lui parlât de Thérèse ? Thérèse ! Qu'adviendrait-il maintenant du projet qu'il avait formé pour elle ?

Enfin son architecte put fixer le jour où il lui livrerait l'hôtel.

Ce n'était pas seulement par le colonel et la marquise que ce jour était impatiemment attendu, il l'était encore par une foule d'indifférents et de curieux.

Lorsqu'on avait su que le colonel Chamberlain avait acheté l'hôtel Nessonvaux, et qu'il le faisait approprier à son usage et meubler par un architecte à la mode, on avait recommencé à s'entretenir dans le monde parisien de ce fameux colonel, qui décidément fournissait d'inépuisables éléments à la curiosité publique : sa fortune d'abord, son assassinat ensuite, maintenant son hôtel. Donnerait-il des fêtes ? qui inviterait-il ? comment pourrait-on le connaître ?

Madame de Lucillière avait répondu affirmativement à la question des fêtes ; ce n'était pas pour que l'hôtel restât clos et sombre qu'elle l'avait fait acheter par le colonel, et ce n'était pas en demeurant enfermé chez lui que celui-ci pouvait prendre le rôle qu'elle lui destinait.

Au mot de fête, le colonel s'était récrié ; ce n'était pas pour donner une fête à des indifférents qu'il s'était imposé tant de peines et qu'il avait gagné quelques jours.

Mais elle l'avait calmé en souriant.

— Votre architecte vous promet votre hôtel pour dans dix jours, n'est-ce pas, c'est-à-dire pour le mardi? Eh bien ! fixons cette fête au jeudi ; le mercredi sera pour nous, nous seuls. Donnez des ordres pour que vos gens n'entrent que le jeudi matin, et disposez tout pour qu'il n'y ait mardi soir dans l'hôtel que le seul Horace, en qui j'ai confiance ; il suffira pour nous servir. Mardi soir, à onze heures, attendez-moi à la gare du Nord.

— Nous partirons.

— Non, je reviendrai de Montlignon, où j'aurai été le matin. Ayez une voiture de remise.

Le mardi, à l'heure convenue, il était à la gare du Nord, mais il eut peine à reconnaître la marquise dans la femme voilée qui lui prit le bras : elle était enveloppée dans un grand manteau qui ne laissait rien voir d'elle.

Ils firent la route de la gare à l'hôtel dans les bras l'un de l'autre.

L'hôtel était de plus en plus le palais féerique de la *Belle au bois dormant* : dans le vestibule, les lampadaires brûlaient, et dans les salons les lustres et les lampes étaient allumés ; l'air était chargé du parfum des fleurs qui emplissaient les jardinières, et cependant personne, pas un bruit, dans ces vastes appartements, dont toutes les portes étaient ouvertes.

Madame de Lucillière s'appuyait sur le bras du colonel ; il sentit qu'elle frissonnait. Il voulut l'attirer sur sa poitrine, elle le repoussa doucement.

— Et votre serment? dit-elle.

Il eut un geste d'emportement, mais elle lui retint le bras, et d'une voix pleine de tendresse :

— Marchons, dit-elle ; faites-moi voir notre hôtel.

Ils arrivèrent ainsi à la chambre du colonel.

Alors elle abandonna le bras sur lequel elle s'appuyait, et en un tour de main ayant jeté loin d'elle son chapeau et le manteau qui l'enveloppait, elle se montra vêtue d'une robe blanche. Ce fut une apparition, une transfiguration.

Il s'élança vers elle ; mais, par un geste plein de noblesse, elle l'arrêta.

— Édouard, dit-elle, m'aimez-vous ? Je vous prie, à cette question comme à celle que je vous poserai, répondez-moi simplement par oui ou par non. L'heure est solennelle pour nous, mon ami, car c'est elle qui va décider notre vie. M'aimez-vous ?

— Je vous aime.

— M'estimez-vous ? oui, ou non ?

— Oui.

— Si j'étais libre, feriez-vous de moi votre femme ? Encore une fois, loyalement, un oui ou un non.

— Oui.

— Eh bien ! alors je suis à toi.

Et lui jetant les bras autour du cou, elle appuya sa tête contre lui en le regardant.

X

Ce fut madame de Lucillière qui remplit le rôle de maîtresse de maison, dans la fête qu'elle avait voulu que le colonel donnât, en prenant possession de son hôtel.

Rentrée chez elle le mercredi à minuit, comme si elle arrivait directement de Montlignon, ce qui sauvait les apparences (un jour de vingt-quatre heures ayant été seulement perdu dans le trajet de la gare du Nord à la rue de Courcelles), elle revint chez le colonel le jeudi, de bonne heure, pour veiller à l'organisation du dîner et de la soirée.

Et ce leur fut une journée nouvelle à passer ensemble, non plus, il est vrai, tout d'abord, dans l'intimité du tête-à-tête et portes closes, mais portes ouvertes et devant les gens de service qui se tenaient à leurs postes, depuis les cuisines du sous-sol jusqu'à la lingerie des combles.

Exécutant fidèlement les ordres qu'il avait reçus, Horace, promu aux fonctions d'intendant général, avait réuni tout le personnel dès neuf heures du matin et l'avait mis aussitôt au travail.

Fier de commander à des blancs et surtout à des blanches, il était vraiment magnifique d'importance, et, si le colonel avait été en ce moment disposé à la plaisanterie, il eût bien ri de le voir traverser les appartements, le jarret tendu, les épaules effacées, la tête haute et les yeux à quinze pas devant lui, les mains derrière le dos, dans l'attitude d'un grand seigneur de théâtre qui passe la revue de ses valets.

Mais la marquise, qui ne perdait jamais le sentiment des choses drôlatiques, et qui eût ri, à son lit de mort, d'un personnage comique, s'amusait fort de ce spectacle, et prenait elle-même un malin plaisir à mettre exprès Horace et le maître d'hôtel en présence.

Assez à son aise avec les valets inférieurs, Horace en effet était troublé toutes les fois qu'il avait une observation à adresser au maître d'hôtel, qui était un personnage digne et majestueux, portant jusque dans sa cravate la conviction de sa supériorité. Oubliant parfois son nouveau grade, Horace lui parlait à la troisième personne; puis, se reprenant aussitôt, il terminait brusquement la conférence par un geste sec, comme il convient d'ailleurs lorsqu'il s'agit d'un subalterne.

Quant au maître d'hôtel, qui savait parfaitement que

le nègre possédait la confiance de son maître et tenait même les cordons de la bourse en tout ce qui touchait la maison, il écoutait les observations qu'il lui faisait, qu'elles fussent trop polies ou trop sèches, avec un même visage impassible; pas un muscle de sa face bien rasée qui bougeât ; seulement, de temps en temps passait dans ses yeux mi-clos un sourire imperceptible, que la marquise traduisit facilement : « Si tu crois que je te respecte, moricaud, tu sais que tu te trompes joliment; je t'écoute parce que je suis payé pour cela. Mais je te méprise comme la boue de mes souliers, si un homme tel que moi peut souiller ses souliers de boue; tu n'es qu'un singe de grande taille, comme ton maître n'est qu'un parvenu de grande fortune. Moi, je suis un Parisien, pauvre, il est vrai, mais cela n'empêche pas que, pour l'intelligence et les belles manières, je sois le roi de la création. »

Volontiers elle se fût ingéniée à renouveler ces petites scènes, ce qui lui était facile, en donnant des ordres à Horace pour qu'il les transmît au maître d'hôtel; mais, voyant que le colonel ne prenait pas le même plaisir qu'elle à cette plaisanterie et même s'en impatientait, elle l'abandonna.

D'ailleurs elle avait mieux à faire que de perdre son temps dans cette distraction.

C'était elle qui avait dressé les listes d'invitation pour le dîner et la soirée, et elle avait à repasser ces listes pour voir décidément qui elle aurait.

A l'exception de son ministre, de ses banquiers, et de quelques Américains avec lesquels il avait des relations d'amitié et qu'il avait dû par conséquent inviter, le colonel avait laissé toute liberté à madame de Lucillière.

Il prêtait son hôtel et son nom; en réalité c'était la marquise de Lucillière, ou plus justement « la belle Henriette » comme on l'appelait dans le monde de son intimité, qui donnait cette fête pour son plus grand agrément à elle, pour celui de ses amis, et pour la mortification de ses rivales ou de ses envieuses.

— Il y a longtemps, lui avait-elle dit lorsqu'il avait été question de dresser cette liste, que j'ai dans l'esprit une fantaisie qu'il m'a toujours été impossible de réaliser : c'est de donner une fête dans laquelle ne paraîtraient que de jolies femmes et des hommes remarquables à un titre quelconque, par leur nom, leur esprit, leur talent ou même leur beauté. Cela semble bien simple, n'est-ce pas? Cependant malgré toute l'envie que j'en avais, je n'ai jamais pu y arriver chez moi, attendu que les invitations sont toujours dominées par des considérations de famille, de relations, de positions, qui rendent un choix comme je le veux tout à fait impossible. Vous, par suite d'un hasard merveilleux, vous êtes en dehors et au-dessus de ces considérations : Nous sommes donc libres d'inviter qui bon nous semble, et de ne choisir que ceux qui réunissent les conditions que j'énumérais tout à l'heure. Cela vous convient-il ainsi?

— Tout ce qui vous plaît est fait pour me plaire.

— Je veux qu'être reçu chez vous soit une distinction.

Aussitôt elle avait commencé à écrire les noms qu'elle choisissait, et les premiers inscrits avaient été ceux de lord Fergusson, Serkis-Pacha, le prince Sératoff, le duc de Mestosa.

Comme sa main courait rapidement sur le papier, le colonel l'avait arrêtée.

— Est-ce que vous trouvez, avait-il dit, que ces messieurs réunissent en eux les conditions que vous exigiez tout à l'heure? Est-ce pour son talent que vous invitez lord Fergusson? Le duc de Mestosa mérite-t-il l'honneur que vous lui faites par son esprit? Serkis-Pacha est-il choisi pour sa beauté?

— Ils sont de mon intimité, avait-elle répondu en

riant, et cela suffit pour que je ne puisse pas ne pas les inviter : c'est également comme si vous n'invitiez pas le prince Mazzazoli et sa nièce, le baron Lazarus et sa fille.

— Je ne tiens pas du tout à les avoir.

— Vraiment ? Ni Ida ni Carmelita ?

— Ni l'une ni l'autre.

— Il faut cependant que nous les ayons ; d'ailleurs elles sont assez jolies pour rentrer dans mon programme.

— Alors à la suite de ces noms, je vous prie d'inscrire ceux de Jonathan Wright et de Belinda Wright.

— Et qu'est-ce que M. Jonathan Wright et que madame ou mademoiselle Belinda ?

— Miss Belinda Wright, fils de Jonathan Wright, le plus riche marchand de viandes salées de Cincinnati.

— Un charcutier alors ?

— Précisément comme je suis un épicier : seulement la fortune du charcutier égale celle de l'épicier. De plus Belinda Wright est digne de votre choix par sa beauté. Enfin ils sont de mon intimité, et j'ai failli devenir le mari de Belinda. Arrivés depuis peu à Paris, ils auraient le droit de se fâcher si je les oubliais.

— Écrivons Jonathan Wright et Belinda Wright : la fortune est un titre comme le talent ou la beauté.

Quand la liste générale avait été close, madame de Lucillière l'avait reprise pour voir quels noms seraient admis au dîner.

— Je voudrais, avait-il dit alors, que vous fussiez placée vis-à-vis de moi, si cela ne vous paraît pas trop caractéristique.

— Je suis au-dessus des critiques de ce genre.

— Maintenant, voulez-vous me permettre de vous demander qui vous placerez à vos côtés ?

— Mais Serkis-Pacha à droite, et le prince Sératoff à gauche.

S'il avait été brave, il aurait franchement déclaré que

cet arrangement le désespérait. Lorsqu'il avait commencé à s'attacher à madame de Lucillière, l'intimité de celle-ci avec ceux qui formaient sa cour lui avait été assez indifférente; si les propos du monde étaient vrais, que lui importait? Madame de Lucillière était une femme facile, disait-on; eh bien! tant mieux, elle le serait pour lui. Mais à mesure que cet attachement s'était développé, l'indifférence, à propos des sentiments que la marquise pouvait inspirer à ceux qui l'entouraient avait diminué; bientôt même elle avait été remplacée par une véritable jalousie: facile pour lui, sa chère Henriette ne devait pas l'être pour d'autres.

Cependant il n'aurait jamais osé montrer ouvertement cette jalousie. Comment dire à une femme qui portait si haut le respect de la maison conjugale : « La présence de ces étrangers me gêne, leur assiduité me fait souffrir? » Eût-elle toléré une pareille observation? En cette circonstance, il avait eu un peu plus d'audace qu'à l'ordinaire, et, sans aller jusqu'à affirmer son mécontentement, il avait voulu néanmoins l'indiquer.

— Si vous mettez Serkis-Pacha et le prince Seratoff près de vous, avait-il dit, je vous prie de placer Belinda près de moi.

Elle l'avait regardé au fond des yeux; puis, tout à coup, partant d'un éclat de rire :

— Vous savez, cher ami, que si vous voulez exciter ma jalousie, vous perdez votre temps. Belinda fût-elle une merveille, je n'en serais pas jalouse. C'est un sentiment qui m'est absolument inconnu, je ne le comprends même pas. Je ne serai donc jamais jalouse de vous, mais par réciprocité je vous demande de n'être jamais jaloux de moi.

C'étaient ces listes ainsi dressées qu'il s'agissait de vérifier en les comparant aux réponses, pour voir quel serait au juste le nombre des convives du dîner.

5.

Comme ils étaient occupés à cette vérification, assis l'un près de l'autre, devant une table, dans un petit salon, Horace ouvrit tout à coup la porte avec une brusquerie peu en rapport avec l'importance de ses nouvelles fonctions, et qui eût assurément fait hausser les épaules de pitié au maître d'hôtel.

— M. le marquis de Lucillière vient d'arriver, dit-il d'une voix saccadée.

— Eh bien ! qu'on le fasse monter, répondit tranquillement la marquise, sans même lever la tête.

Puis, comme le colonel reculait sa chaise pour s'éloigner d'elle :

— Ne vous dérangez pas, dit-elle. Tout ce que je vous demande, c'est d'écouter avec complaisance les observations du marquis, s'il juge à propos de vous en adresser, ce qui est probable ; au reste, vous verrez qu'elles pourront vous être utiles, le marquis est un maître de maison incomparable.

Ce n'était pas la première fois que le marquis se présentait à l'hôtel, et souvent il était venu le visiter pendant les travaux ; notamment les écuries qu'il avait fait aménager d'après ses plans et dans lesquelles il avait installé les chevaux qu'il avait lui-même achetés.

Il ne dérangea donc pas longtemps le tête-à-tête de sa femme et du colonel, et, après avoir visité les appartements de réception, le lorgnon sur le nez, en furetant partout, mais plus rapidement qu'à l'ordinaire, il se déclara satisfait.

— Mon cher colonel, dit-il, je vous fais mon compliment, tout cela est parfait et du meilleur goût.

Et il se tourna vers la marquise, comme pour lui demander si elle ne rentrait pas avec lui ; mais celle-ci, prévenant sa question, déclara qu'elle avait encore à travailler avec le colonel.

— Je ne rentrerai guère à l'hôtel que pour m'habiller,

dit-elle ; si vous voulez bien être prêt pour sept heures, nous viendrons ensemble.

— Parfaitement.

Et, après avoir serré la main du colonel stupéfait, il se retira.

Lorsque le colonel, revenant de le reconduire, rentra dans le salon, il trouva la marquise debout, le visage souriant :

— Maintenant que cette visite que j'attendais est passée, dit-elle, nous pouvons être librement l'un à l'autre usqu'à six heures. Fermez la porte, mon cher Édouard, et ne pensons plus qu'au présent, moi à toi, toi à moi.

— Enfin !

Cependant, un peu avant six heures, elle voulut reprendre son rôle de maîtresse de maison.

— Non, dit-elle, un dernier coup d'œil ; laisse-moi te voler cinq minutes au profit de tes invités.

— N'allez-vous pas être à eux pendant toute la soirée ?

— Puisque nous serons en face l'un de l'autre! Mais à propos de ces invités, j'ai deux demandes à vous adresser : la première, c'est de me laisser fermer cette porte, dont j'emporterai la clef, pour ne vous la remettre qu'en sortant d'ici, cette nuit, la dernière. Votre maison va appartenir à tout le monde ce soir ; je ne veux pas qu'une autre femme que moi puisse entrer dans cette chambre ; car, chez un garçon, on se croit volontiers tout permis. Ce n'est pas de la jalousie, croyez-le bien ; mais c'est un sentiment plus haut, le respect de nous-mêmes.

Il ferma la porte lui-même et lui remit la clef.

— Ma seconde demande, dit-elle en prenant son bras pour parcourir de nouveau les appartements est d'un ordre tout différent : je voudrais que vous me fissiez le serment de ne pas jouer.

— Il n'y a pas besoin de serment, une simple promesse suffit.

— Eh bien ! alors promettez-moi de ne pas jouer. La facilité avec laquelle vous perdez votre argent a tenté bien des cupidités. Je ne veux pas que l'homme que j'aime, que j'ai choisi entre tous, se laisse entraîner à devenir un joueur. Que vous importe l'argent gagné au jeu ? A rien, n'est-ce pas ? Vous n'en avez pas besoin. Alors ne jouez pas, et conservez pour un meilleur usage celui que vous pourriez perdre.

— Je ne jouerai pas, je vous le promets.

Ils parcoururent lentement les appartements ; tout était prêt, mais les lumières n'étaient pas encore allumées pour ne pas donner trop de chaleur. Dans la demi-ombre du soir, la table de la salle à manger, couverte d'argenterie et de cristaux, lançait des éclairs ; des vases, des corbeilles et des jardinières, où les fleurs avaient été gracieusement disposées, s'exhalaient des parfums qui troublaient légèrement la tête.

La marquise était radieuse.

— Si votre hôtel brûlait ce soir, dit-elle, portes closes, sans que personne pût s'échapper, le monde parisien serait décapité demain. Nous aurons une belle soirée.

— Et si elle vous plaît, nous en aurons beaucoup d'autres ; que ne ferais-je pas pour voir votre sourire ?

— Pour le moment, je ne vous demande qu'une chose : soyez charmant avec les femmes, hautain avec les hommes.

La marquise avait une qualité rare entre toutes : elle faisait chaque chose, même sa toilette, légèrement, rapidement, pour ainsi dire sans qu'on s'en aperçût. A sept heures et demie, accompagnée du marquis, elle était de retour chez le colonel ; personne n'était encore arrivé.

Mais bientôt les invités au dîner firent leur entrée les uns après les autres. Le colonel se tenait dans le premier salon pour les recevoir ; la marquise, dans le second, mais placée de telle sorte qu'elle voyait chacun arriver.

A un moment, elle quitta le second salon pour venir dans le premier ; une jeune fille accompagnée d'un vieux monsieur au visage rouge venait d'entrer : cette jeune fille qu'elle ne connaissait pas, était admirablement jolie, quoique très maigre et très pâle. Ce ne pouvait être que Belinda Wright.

Sans affectation et en prenant au contraire un air indifférent, la marquise s'approcha doucement pour entendre les paroles qui s'échangeaient entre cette jeune Américaine et le colonel.

— Il n'est pas étonnant que vous me trouviez changée, disait-elle ; j'ai engraissé de 3 livres depuis que je suis en Europe. A Londres, le 13 mars, je pesais 89 livres ; au Havre, le 5 avril, 90 livres ; à Paris, le 7 mai, 91 : il y a progression constante.

— Vous mangez toujours des tranches de *johnnycake*?

— Oh ! non ; je préfère la pâtisserie parisienne, qui est excellente. Je vous recommande le pâtissier de la Bourse, celui de...

La marquise s'éloigna comme elle s'était approchée, elle en savait assez.

XI

Madame de Lucillière, qui tout d'abord avait si rigoureusement imposé le respect de la maison conjugale au colonel, avait paru bientôt oublier complètement les principes qu'elle avait tant de fois émis à ce sujet, et pour le triomphe desquels elle avait exigé l'acquisition de l'hôtel Nessonvaux.

Un jour qu'il se plaignait de ne pas la voir plus souvent, elle l'avait arrêté net :

— Pourquoi ne venez-vous pas plus souvent chez moi ?

— Le puis-je ? J'y vais toutes les fois que j'ai une raison ou un prétexte pour m'y présenter.

— Pourquoi, au lieu de chercher, chaque fois que vous venez chez moi en dehors de mes jours, des prétextes plus ou moins adroits pour expliquer vos visites, ne vous êtes-vous pas ingénié à inventer une raison vraie, qui, une fois trouvée, vous servirait désormais tous les jours ?

— Et comment cela ? Quelle raison ostensible puis-je avoir pour me présenter chaque jour chez vous ?

— Chez moi, je ne sais pas ; mais, chez le marquis, il me semble qu'il serait bien facile d'en trouver non pas une, mais dix, mais cent. Pourquoi ne vous intéresseriez-vous pas à l'écurie du marquis et ne parieriez-vous pas pour ses chevaux ?

— Mais les choses du sport hippique n'ont aucun attrait pour moi.

— Il faut aimer ce que j'aime.

— Volontiers ; cependant faut-il encore l'aimer d'une façon intelligente et j'avoue que je ne connais rien ou presque rien aux courses de chevaux.

— Vous apprendrez, rien n'est plus simple. Le marquis se fera un plaisir de vous guider et d'un autre côté il sera très satisfait, j'en suis certaine, de vous voir prendre un intérêt positif à son écurie : vous savez comme il en est fier.

Il eût pu répondre que, quelque temps auparavant, elle avait exigé de lui le serment qu'il ne jouerait pas, et que les paris sur les courses n'étaient pas autre chose très-souvent que le jeu avec d'habiles tricheries que les cartes ne comportent pas ; mais il n'en fit rien.

Elle désirait qu'il devînt un sporstman : il deviendrait sporstman, que lui importait? Ce qu'il voulait, c'était la voir, la voir du matin au soir, tous les jours, toujours.

Quel chemin il avait parcouru depuis le moment où il s'était dit, pour la première fois, que cette jolie marquise de Lucillière serait une agréable distraction dans sa vie, une charmante diversion ! La distraction était devenue une véritable possession, irrésistible et de tous les instants : plus il la voyait, plus il la voulait voir, et chaque visite, chaque entrevue, le laissaient plus épris, plus passionné.

Madame de Lucillière ne s'était pas trompée en parlant de la satisfaction probable de son mari : le marquis se montra très heureux de la demande du colonel.

— Il était évident, dit-il, qu'un jour ou l'autre cela devait arriver; un homme tel que vous ne pouvait rester en dehors des choses du sport; mais je n'en suis pas moins très sensible à l'honneur que vous me faites de me prendre pour guide. Vous verrez quelles émotions donnent les courses lorsqu'on y est intéressé autrement que comme curieux. Un de nos hommes politiques, qui est un des auteurs du coup d'État de décembre et qui par conséquent se connaît en émotions, me disait qu'il n'avait jamais eu le cœur serré, les entrailles tordues comme dans la courte seconde où se décidait la victoire ou la défaite d'un de ses chevaux. Vous verrez, vous connaîtrez ces émotions, qui ne ressemblent en rien à celles du jeu : dans le jeu, il n'y a que l'angoisse de l'attente; dans la course, il y a la lutte : on tient la victoire, on ne la tient plus ; on la reprend, on la perd encore; le cœur bat, s'arrête et reprend.

Le colonel pensa qu'il était, par bonheur, encore assez jeune pour éprouver d'autres émotions que celles que donnent les cartes et les chevaux ; mais il garda pour lui cette réflexion.

Il se livra donc à l'expérience du marquis et commença, sous la direction de celui-ci, son éducation hippique, mais ce fut sans éprouver les serrements de cœur et les tortillements d'entrailles qui lui avaient été prédits. Qu'il perdît, qu'il gagnât, il restait impassible, et jamais on ne vit son visage se couvrir de cette pâleur jaune qu'on remarque si souvent chez les joueurs dans les moments décisifs.

Ce calme et cette froideur firent autant pour sa célébrité que son assassinat et ses fêtes.

— Quel estomac ! disait-on, c'est admirable !

Cependant cet homme, que les grosses pertes aussi bien que les gros gains laissaient complètement insensible, sans que son cœur s'arrêta ou battît plus fort, pâlissait ou rougissait pour un sourire ou un froncement de sourcil de la belle Henriette.

— Plus de cœur que d'estomac, disait celle-ci en riant lorsqu'il se plaignait, ou plutôt n'est-ce pas moins de cœur que d'estomac qu'il faut dire?

Mais, bien qu'elle plaisantât, elle était flattée de voir la puissance qu'elle exerçait. Ce qu'elle avait voulu s'était accompli : ce n'était point un caprice qu'elle avait inspiré, c'était une passion.

Bien que le moyen proposé par madame de Lucillière eût amené des relations journalières entre le marquis et le colonel, celui-ci n'avait cependant pas obtenu tout ce qu'il avait demandé : s'il voyait la marquise plus fréquemment, il ne la voyait guère plus librement.

Souvent il se plaignait à elle de ce résultat, si contraire à la réalisation de ses désirs, mais bien entendu sans parler de la question d'argent, qui pour lui n'était que la petite question.

— Quand j'étais à Chalençon, disait-il, prisonnier dans ma chambre, vous trouviez bien moyen de venir passer avec moi des journées entières, non de temps en temps mais presque tous les jours, et maintenant vous ne pouvez même pas me donner des heures.

— J'ai vu dans le monde, dit-elle avec impatience, de fort honnêtes gens qui se figurent que ceux qui n'ont pas un travail régulier et bourgeois, pour ainsi dire, ne font rien et sont maîtres de leur temps : ainsi, pour eux, le comédien est un paresseux, l'artiste un homme de plaisir, la femme à la mode une désœuvrée; si on leur dit que le comédien apprend ses rôles de neuf heures du matin à midi, les répète de midi à six heures, les joue de sept heures à minuit, ils sont étonnés; si on leur montre l'écrivain penché pendant douze ou quatorze heures sur son papier blanc, le peintre debout devant son tableau tout aussi longtemps, ils n'en croient pas leurs yeux ; enfin, si on leur explique que la femme du monde qui ne fait rien n'a souvent pas une minute à elle, ils pensent qu'on se moque d'eux. Eh bien, mon cher, vous appartenez jusqu'à un certain point à la classe de ces honnêtes gens, je ne dis pas par vos idées sur les artistes, — je ne sais pas ce qu'elles peuvent être, mais par celles que vous avez sur les femmes du monde.

Puis, élevant la voix de manière à être entendue du marquis, qui était à un autre bout du salon, occupé à repasser les additions de son carnet, ce qu'il faisait régulièrement chaque soir avant de se mettre au lit, et même souvent plusieurs fois par jour :

— Savez-vous ce que le colonel me dit? demanda-t-elle.

Il voulut l'interrompre, mais elle continua en riant, — car c'était un de ses amusements de mêler tout à coup un tiers ou même son mari à ses entretiens intimes, qu'elle poursuivait alors avec des paroles à double sens et en jouant sur la corde roide de l'équivoque avec une légèreté qui plus d'une fois avait donné le frisson au colonel :

— Il soutient, dit-elle, que nous autres femmes du

monde nous ne faisons rien, et que, si nous n'avons pas une minute à donner à nos amis, c'est que nous ne le voulons pas. J'ai bien envie, pour le punir, de lui imposer une pénitence.

Le colonel s'était rassuré

— Ordonnez, dit-il.

— Eh bien! voici ce que vous aurez à faire : demain, à dix heures, vous arriverez ici, en costume du matin, et vous vous ferez accompagner d'une malle dans laquelle se trouveront une toilette de ville et une toilette de soirée.

— Alors vous n'avez pas l'intention de le mettre en cellule? demanda le marquis; j'avais peur de la prison.

— Oh! pas du tout! bien au contraire. D'abord on vous conduira à une chambre qui vous appartiendra pour toute la journée; puis vous demanderez à me voir : les ordres seront donnés, on vous introduira. Si je fixe dix heures du matin, c'est que je vais ce soir dans trois maisons, et que je ne rentrerai pas avant une heure ou deux de la nuit; sept heures de sommeil ne vous paraîtront pas trop, je pense?

— Assurément non.

— Et vous n'exigez pas que je diminue ces heures de repos pour mes amis, même les plus chers.

Il baissa les yeux, n'osant rencontrer ceux du marquis, car l'allusion était un peu trop directe.

— Que diable voulez-vous lui faire faire? demanda le marquis; cela pique vraiment ma curiosité.

— Rien que ce que je ferai moi-même dans ma journée, du matin au soir, mais tout ce que je ferai. Notre ami voyage pour s'instruire, n'est-ce pas? Eh bien! il y aura là une étude intéressante pour lui, je pense : il apprendra ainsi ce qu'est la journée d'une femme qui ne fait rien, il verra à quoi nous passons notre temps.

Ils passeraient la journée ensemble; voilà la réalité. Le reste était plaisanterie. Mais combien habile avait-elle été dans toutes ces combinaisons ; quelle souplesse d'esprit, quelle dextérité dans l'invention ; comme tout était prévu, arrangé, et cette chambre pour la journée, et ces différentes toilettes.

Ce n'était pas seulement parce qu'elle était la plus séduisante des femmes qu'il l'aimait, mais encore parce qu'elle était la plus fine et la plus spirituelle ; ce n'était pas de l'esprit qu'elle avait, c'étaient tous les esprits et avec cela ce charme inappréciable qui faisait qu'on ne s'éloignait jamais d'elle sans être heureux, emportant avec soi assez de bonheur pour défrayer les heures de la séparation, si longues qu'elles fussent.

Le lendemain, à dix heures, il arrivait chez elle.

Le marquis sortait :

— Comment, vous êtes venu ? dit-il. Eh bien ! franchement, vous êtes bien bon de vous prêter à ce jeu. Un conseil, mon cher colonel, quand vous en aurez assez, vous savez, dérobez-vous ; c'est bon pour les femmes, ces niaiseries-là.

Elle le reçut dans son cabinet de toilette. Elle était vêtue d'une robe de chambre en cachemire blanc, tombant en larges plis droits comme la tunique antique, ses cheveux flottaient épars sur ses épaules et ses yeux encore ensommeillés disaient qu'elle était à peine éveillée. Charmante cependant, dans ce négligé, avec des grâces indolentes qui se révélaient à lui pour la première fois.

C'était la première fois aussi qu'il pénétrait dans ce cabinet de toilette, la pièce la mieux réussie de l'hôtel, au double point de vue de la commodité et de l'élégance : grande, bien éclairée, décorée avec goût, d'un côté communiquant avec une salle de bain, d'un autre avec une longue galerie, où, dans des armoires, étaient conservées et rangées en bon ordre toutes les toilettes de la saison courante. Rien qui traînât et qui offensât la vue ; au contraire tout en place avec convenance et discrétion.

Bien qu'elle fût levée depuis quelques minutes à peine, madame de Lucillière était déjà occupée à lire ses lettres, posées sur une petite table, à portée de son bras.

— Je vous attendais, dit-elle au colonel en lui tendant la main.

Puis après avoir échangé à voix basse quelques mots de tendresse, de manière à n'être pas entendue de la femme de chambre qui allait çà et là, elle lui montra de la main un fauteuil.

— Maintenant, dit-elle, installez-vous là, si vous voulez, ou sur le divan, et laissez-moi lire mon courrier. Ne bougeons plus, comme disent les photographes ; c'est commencé.

— C'est donc sérieux cette expérience ? demanda-t-il à demi-voix.

— Comment ? si c'est sérieux. Que vous étiez-vous donc imaginé ?

— Que vous n'aviez voulu que me donner une journée, voilà tout.

— Assurément. Mais le moyen de vous la donner n'est il pas précisément de jouer avec sérieux notre petite comédie ? D'ailleurs je suis bien aise en même temps de vous convaincre que je ne vous trompe pas, quand je vous réponds quelquefois que ce que vous me demandez n'est pas possible. Maintenant prenez votre place de spectateur et laissez-moi à mon rôle.

Pendant qu'il allait s'asseoir sur le canapé, elle avait déchiré la bande du journal.

Elle fit un geste d'impatience.

— Que voyez-vous donc d'inquiétant ou de fâcheux ? demanda-t-il.

— On a encore haussé à la petite bourse du soir : cela va nous obliger à une visite chez mon agent de change ; je suis à la baisse.

Elle jeta le journal et prit une lettre qu'elle ouvrit.

— Quatre pages, dit-elle. Sophie, vous pouvez me coiffer.

Pendant que la femme de chambre peignait ses cheveux, elle lut ces quatre pages ; puis, lorsqu'elle eut fini, elle en ouvrit une autre, et après celle-là une autre encore, puis des lettres de mariage, des billets de mort, des invitations, des enveloppes de cartes de visite.

Elle était coiffée.

Alors, prenant sur la table un buvard, elle commença à répondre à toutes ces lettres et à tous ces billets d'une main légère et rapide. Elle écrivait sur ses genoux, vivement, jetant sur le papier quelques lignes d'une écriture courue, mais cependant parfaitement lisible ; puis, sans se relire, elle séchait dans le buvard la page écrite, pliait son papier d'un coup d'ongle, le glissait dans une enveloppe sur laquelle elle mettait l'adresse, mais sans la fermer, laissant ce soin à la femme de chambre, qui s'en acquittait devant elle.

En moins d'un quart d'heure, elle eut ainsi devant elle, sur la table, une douzaine de petits billets ou de cartes portant quelques lignes manuscrites.

Le colonel la regardait émerveillé, se demandant ce qu'il devait le plus admirer de sa dextérité de main ou de sa sûreté d'esprit, qui n'hésitait pas une seconde, trouvant instantanément l'idée de la réponse à faire aussi bien que sa forme.

Cependant à son admiration se mêlait un certain sentiment d'inquiétude. De qui étaient ces lettres? pour qui étaient ces réponses. Elle ne lui avait jamais écrit à lui. Quatre pages ! On n'écrit pas quatre pages indifférentes à une femme, encore moins quatre pages d'affaires.

Il eût pu, il est vrai, en s'approchant de la marquise, lire quelques-unes des suscriptions des lettres étalées sur la table, mais c'était là un acte d'indélicatesse qu'il n'eût pas commis, alors même qu'il eût été certain de surprendre ainsi, sans qu'on le vît, le nom d'un rival.

Tout à coup elle releva la tête, et, prenant dans un des tiroirs de la table un petit cahier cartonné comme ceux qui servent aux écoliers, elle s'adressa au colonel :

— Voulez-vous avoir la complaisance de vous tourner le nez du côté de la muraille ? dit-elle.

Il la regarda, demandant, par un coup d'œil, s'il ne devait pas la laisser achever sa toilette.

— J'ai à faire, dit-elle en répondant à sa muette interrogation, ma rédaction sur la conférence de l'abbé Ciadoux ; si vous me regardez, vous me donnerez des distractions et je n'y serai plus du tout. J'ai besoin de m'absorber dans mon sujet. Restez donc le nez dans le coin, je vous prie. Là, c'est très bien. Maintenant je peux commencer, l'inspiration va me venir. Nous disons : « la femme chrétienne... »

Et le colonel, qui s'était tourné vers la muraille entendit la plume courir sur le papier. Sans doute l'inspiration était venue, et madame de Lucillière avait trouvé ce que doit dire et ce que doit faire la femme chrétienne, telle que la voulait l'abbé Ciadoux.

Si le colonel avait eu le désir de savoir ce que les lettres contenaient, il avait maintenant la curiosité de voir comment madame de Lucillière comprenait et expliquait la femme chrétienne.

La plume courait avec une telle rapidité que bien évidemment la main qui la tenait était inspirée.

Malheureusement on vint déranger la marquise : l'architecte demandait à la voir pour une affaire urgente ; il fut reçu.

L'affaire urgente qui amenait l'architecte se rapportait à des travaux qu'il fallait exécuter sans retard aux bâtiments d'exploitation de la ferme de Blémur.

— Oh ! pas de réparations, répondit la marquise, si l'on écoutait les fermiers, les fermages seraient entièrement consacrés aux réparations, et l'on serait propriétaire pour l'honneur. Le système de mon père était de ne pas faire de réparations ; tant qu'il a vécu, il n'en a jamais autorisé.

L'architecte sorti, elle se remit bien vite à sa rédaction reprenant sans chercher sa phrase où elle s'était arrêtée.

Mais bientôt encore elle fut interrompue: c'était le clerc de son notaire, qui venait lui demander des signatures ; soit conscience professionnelle, soit désir d'allonger le temps auprès de la belle marquise de Lucillière, le jeune clerc voulut lire l'acte dont il était porteur, mais elle ne le lui permit pas.

— J'ai pleine confiance en votre patron, dit-elle ; c'est le plus honnête des hommes. Montrez-moi où je dois signer. Cela suffit.

Elle signa en plusieurs endroits, tout en donnant des ordres et des explications à sa femme de chambre pour ses toilettes de la journée.

Puis, quand le clerc de notaire se fut retiré, elle reprit sa rédaction ; mais cette fois encore ce fut pour peu de temps ; le docteur Horton demandait à la voir.

Elle avait pu recevoir l'architecte et le clerc de notaire, gens pour elle sans conséquence, dans son cabinet de toilette, mais elle se croyait obligée sans doute à plus d'égards envers son médecin.

— Voulez-vous tenir compagnie à Horton? dit-elle au colonel ; dans quelques minutes je vous rejoindrai.

— Mais si vous avez à lui parler ?

— Je n'ai rien de particulier à lui dire : me trouvez-vous malade ?

On conduisit le colonel dans un petit salon attenant à la chambre de madame de Lucillière, où il trouva le docteur Horton.

Au bout de peu d'instants, la marquise vint les rejoindre, ayant revêtu une toilette de ville.

La visite d'Horton était plutôt d'un ami que d'un médecin : il savait très bien que la marquise n'était pas malade, cependant il tenait à la voir de temps en temps, assez régulièrement. En cette saison de fatigue, il était bon de veiller sur soi ; assurément il n'était pas le médecin aux drogues, mais un peu d'alcool pris avec discernement pouvait soutenir les forces ou les relever.

— Maintenant, dit la marquise quand Horton fut parti, nous allons déjeuner. Malheureusement je serai forcée de vous presser un peu, car je veux voir mon agent de change avant la Bourse.

Elle sonna, et on leur apporta sur un grand plateau en argent un déjeuner substantiel ; œufs, poisson, viande, légumes, thé et vin.

Le colonel espérait qu'il aurait alors quelques minutes de tête-à-tête, mais il n'en fut rien. Ils avaient à peine commencé de déjeuner qu'on introduisit deux religieuses, qui venaient chercher les bas de laine et les tricots que madame la marquise avait eu la charité de promettre pour leurs enfants.

La marquise n'avait point oublié sa promesse : elle avait acheté les bas et les tricots. Il fallut les voir. C'était très beau, très bon. Les pauvres petits allaient être bien heureux.

Le colonel fut ému. Il ne savait pas acheter des bas et des tricots aussi bien que madame de Lucillière, mais il espérait que les bonnes sœurs voudraient l'excuser s'il leur laissait ce soin, et il leur glissa son offrande.

La porte fermée, madame de Lucillière lui sauta au cou ; mais ce n'était pas le moment des longs épanchements. Il fallait trouver l'agent de change.

Ils montèrent dans le coupé de la marquise, et bientôt ils furent rue Richelieu. Il voulut l'attendre dans la voiture ; mais non, il fallait qu'il montât autant d'étages qu'elle et qu'il fît tout ce qu'elle faisait.

Madame de Lucillière n'était pas une femme qu'on laissait attendre; elle fit passer sa carte, et, bien que l'agent de change fût occupé, il la reçut aussitôt, les deux mains dans les poches de son gilet, le visage souriant, la bouche en cœur, en homme qui sait ce qu'on doit à une jolie femme.

— Désolé, il était désolé. Mais aussi pourquoi n'avait-elle pas voulu l'écouter? Elle croyait avoir des renseignements, très bien; mais elle jouait un jeu imprudent; la Bourse était décidément à la hausse.

Elle demanda à être reportée.

— Très bien. Cependant le report était cher, peut-être vaudrait-il mieux faire un sacrifice immédiat? Non? Alors elle serait reportée; mais qu'elle n'oubliât pas son conseil. Il ne pouvait pas voir une femme jeune et charmante perdre son argent.

Alors elle présenta le colonel Chamberlain. A ce nom, l'agent de change s'inclina avec respect; s'il avait de la considération pour la beauté, il en avait bien plus encore pour l'argent.

— Est-ce que le colonel voulait faire des opérations de Bourse? Non? c'était bizarre. Comment! la grande fortune du colonel était due au commerce seul, sans le secours de la spéculation : plus bizarre encore!

Chez le notaire, la marquise n'attendit pas plus que chez l'agent de change, devant elle, les portes s'ouvrirent à deux battants.

— Elle voulait vendre sa ferme de Blémur... On lui demandait des réparations qui allaient l'entraîner loin. Ne pouvait-on pas lui trouver un acquéreur pour cette ferme qui était d'excellent rapport? Elle avait besoin d'argent.

Et elle énuméra en homme d'affaires ce que la ferme valait.

— Assurément on la vendrait facilement et un bon prix; mais c'était un immeuble dotal, et madame la marquise

6

était trop au courant des affaires pour ne pas savoir que le prix de vente devrait être employé en remplacement, et que par conséquent elle n'en pourrait rien toucher.

Une discussion s'engagea, à laquelle le colonel ne comprit pas grand'chose : il vit seulement que la marquise entendait très bien la langue des affaires, et qu'elle cherchait à se procurer de l'argent.

Bien que ce fût un sujet délicat à traiter entre eux, il lui adressa cependant quelques questions lorsqu'ils se retrouvèrent côte à côte en voiture, la main dans la main.

— Comment donc avait-elle à s'occuper d'affaires, alors que le marquis paraissait les connaître si bien et les aimer tant ?

— Je ne m'occupe que de mes affaires personnelles, c'est-à-dire de l'administration de la fortune qui m'a été constituée en dot, et dont le marquis a voulu que les revenus servissent à mon usage particulier : ma toilette, mes dépenses propres, etc. Pour le reste, c'est le marquis qui, bien entendu, dirige nos affaires, et, par bonheur, il le fait plus habilement que moi. En ces derniers temps, j'ai été assez malheureuse : j'ai perdu de l'argent aux courses, j'en ai perdu à la Bourse ; j'en ai perdu de toutes les manières, et je n'en ai gagné d'aucune. Mais il ne faut pas penser à cela.

— Pourquoi ne faut-il pas penser à cela ?

— Mais parce que rien n'est plus ennuyeux. Je veux vous fatiguer, je ne veux pas vous ennuyer. Au reste, la visite que nous allons faire maintenant va, je l'espère, racheter celles qui viennent d'amener entre nous ce désagréable sujet. Vous savez où je vous conduis ? Chez un homme célèbre, chez une gloire parisienne ; en un mot, chez Faugerolles, le fameux couturier.

Si la marquise n'avait eu qu'à donner son nom chez l'agent de change et chez le notaire pour être aussitôt reçue avec toutes les marques de déférence dues à son rang, à sa réputation et à sa beauté, il n'en fut pas de même chez Faugerolles, où les plus grandes dames, les plus hautes et les plus illustres, étaient habituées à faire antichambre, sans oser se fâcher, tant était solidement établie la puissance du célèbre couturier.

Les instances de la marquise, ses chatteries, furent en pure perte.

— M. Faugerolles compose, il est enfermé avec ces dames; il a donné l'ordre de ne le déranger pour qui que ce soit. Nous ne pourrons nous-mêmes entrer dans son salon que lorsqu'il aura sonné.

Il fallut bien que la marquise se contentât de cette réponse; elle alla s'asseoir avec le colonel dans un vaste salon dont l'ameublement sévère était du meilleur goût.

— Est-ce que nous allons rester là tant que ce monsieur voudra nous faire attendre ? demanda le colonel, blessé qu'on se permît de ne pas recevoir une femme telle que sa chère marquise, aussitôt qu'elle se présentait.

— Ne parlez pas de ce monsieur avec ce dédain, mon ami. Faugerolles est, je vous assure, un grand artiste, et je trouve que ceux qui rient de son art ou en font fi, sont des sots exactement au même titre que ceux qui font fi d'un grand peintre. Et encore avons-nous plus d'un grand peintre, tandis que nous n'avons qu'un Faugerolles. Pourquoi admire-t-on celui qui fait la femme belle sur une toile, et n'admire-t-on pas celui qui la fait belle dans la réalité ? Est-ce qu'il n'y a pas là un art d'invention, un goût de composition, une science des couleurs; et songez à quelles difficultés on se heurte, la mode, les exigences des femmes, leurs infirmités. Au reste, ce qui constitue la supériorité de Faugerolles, c'est qu'il a commencé par être peintre. C'est, dit-on, le fils d'une lorette et d'un commerçant : de sa mère, il a reçu le goût de la toilette, de son père, le sens des affaires. Après avoir débuté par la peinture, il l'a abandonnée, et il a fondé cette maison qui bien vite a acquis sa grande réputation. Il est vrai que Faugerolles ne possède pas seulement le génie de la toilette, il sait encore parler aux femme la langue qui leur plaît. Ainsi, à une femme qui se plaint de sa sécheresse, il dira : « Madame, pour un homme qui connaît son art, le néant n'existe pas; de rien, cet homme doit faire quelque chose de fort joli et même de provoquant. » A une femme grasse qui se plaint de son ampleur, il dira : « Madame, pour un homme qui connaît son art, il n'y a rien de trop dans la nature; le tout est de saisir ce trop et de le façonner pour en faire quelque chose qui devient fort joli et même provoquant. »

Une porte qui s'ouvrit interrompit la marquise. C'était Faugerolles lui-même, entouré de quatre jeunes femmes, assez insignifiantes de figure, mais admirables de formes et de tournure; elles portaient des toilettes inachevées, attachées sur elles avec des épingles, et elles se mouvaient avec la lenteur mécanique d'un mannequin.

En apercevant sa cliente, Faugerolles vint au-devant d'elle et il s'excusa en deux mots de l'avoir fait attendre.

C'était un homme jeune encore, de grande taille, avec une tête fine, trop jolie pour un homme. Ses cheveux blonds, qu'il portait longs, frisaient sur son cou; son menton et ses joues, rasés de près, étaient passés au cold-cream et à la poudre de riz. Sa toilette était aussi trop soignée pour quelqu'un qui travaille : cravate de satin bleu, redingote noire serrée à la taille, pantalon gris. Lorsqu'il tendait la jambe, on voyait une petite bosse au-dessus de son genou : c'était sa jarretière supérieure, qu'il attachait comme les femmes qui veulent avoir des bas bien tendus.

— Je n'ai que vingt-cinq minutes à donner à madame la marquise, dit-il, en tirant de son gilet une petite montre entourée d'un cercle de diamants; je regrette de la taxer ainsi, mais pourquoi madame la marquise ne m'a-t-elle pas écrit pour m'annoncer sa visite ? Je me serais arrangé pour me tenir à sa disposition, elle n'aurait pas attendu, et moi je n'aurais pas été pressé.

La marquise ne se montra pas blessée, elle s'excusa plutôt. Elle ne savait pas la veille qu'elle aurait besoin de le voir : c'était une toilette pressée.

— Alors ne perdons pas notre temps, les minutes marchent.

Il se dirigea vers le salon d'où il était sorti.

Comme le colonel s'apprêtait à suivre la marquise, Faugerolles se retournant le regarda avec surprise.

Alors la marquise lui expliqua en riant que c'était un pari : le colonel Chamberlain devait la suivre partout depuis le matin jusqu'au soir.

— Ah! monsieur est le colonel Chamberlain ? dit le costumier.

Il salua avec une certaine déférence; il eut même la politesse de faire passer le colonel devant lui, ce qui était une faveur qu'il n'accordait à personne.

Avant d'entrer, il se retourna, et, s'adressant aux quatre femmes, qui étaient restées immobiles au milieu du salon:

— Mesdemoiselles, dit-il, veuillez passer lentement devant M. le colonel Chamberlain.

Puis, à mesure qu'elles défilaient, il désignait la toilette :

— Costume de campagne, 3,000 francs; costume de ville, 4,000 francs; robe de soirée, 6,000 francs.

Alors il ferma la porte, et, s'étant assis :

— Madame la marquise, je vous écoute, dit-il.

Si le colonel avait été surpris de la façon remarquable dont madame de Lucillière parlait la langue des affaires, il fut émerveillé de la façon dont elle comprenait l'art de la toilette. Depuis qu'il la connaissait, il avait pu voir quel était son goût pour s'habiller, mais il ne se doutait pas que ce goût reposait sur des connaissances sérieuses; elle savait à fond l'histoire du vêtement, depuis la feuille de vigne d'Adam, et elle eût pu soutenir une discussion avec M. Chevreul sur la loi du contraste simultané des couleurs.

De là une hardiesse dans les idées, une sûreté dans l'invention, qui lui permettaient de se placer au-dessus des lois étroites de la mode et de les faire plier suivant les fantaisies de son imagination.

Faugerolles, l'illustre Faugerolles, routinier comme les gens de métier, commençait par se fâcher, déclarait que ce qu'elle proposait était matériellement impossible, que c'était un outrage à la tradition; puis peu à peu il se laissait toucher, la lumière se faisait dans son esprit, la conviction le pénétrait, et il en arrivait à trouver tout simplement sublime ce qu'il avait d'abord repoussé avec mépris.

— Si j'ai le talent de la toilette, vous en avez le génie, s'écria-t-il. Positivement, c'est un don. S'il y avait seulement dix femmes comme vous en France, la face du monde serait changée; nous pourrions faire une révolution non seulement artistique, mais encore économique et sociale; mais qu'attendre d'esprits timides qui se copient les unes les autres?

Dans son enthousiasme, Faugerolles oublia l'heure, et les vingt-cinq minutes se changèrent en une heure et demie.

Quand la marquise sortit, elle trouva dans le salon quatre ou cinq femmes de son monde qui poussèrent les hauts cris.

— Pouvait-on ainsi accaparer Faugerolles? c'était abominable, scandaleux!

— Mesdames, dit Faugerolles, avec l'autorité d'un homme qui rend des oracles, madame la marquise de Lucillière n'est pas une cliente, c'est une collaboratrice. Quand je suis enfermé avec elle, elle ne m'accapare pas, c'est pour l'art que nous travaillons et pour la gloire de toutes. Vous verrez.

Mais ces dames, peu sensibles à cet éloge, n'avaient des yeux que pour le colonel ; elles se regardaient vivement entre elles, puis, après avoir échangé leurs observations dans un coup d'œil furtif, elles revenaient au colonel.

— Comment, la marquise l'amenait avec elle chez Faugerolles !

— Maintenant, comment lutter avec elle ?

— Nous voici bien en retard, dit la marquise en s'asseyant dans le coupé, nous ne pourrons jamais regagner l'heure passée chez Faugerolles.

— Et où allons-nous présentement ?

— Chez ma modiste, chez mon bijoutier, chez mon fleuriste.

— Et nous rentrons ?

— Nous allons chez La Jarrie, à qui j'ai promis séance pour mon portrait, puis chez ma mère à qui je fais une visite chaque jour avant quatre heures.

Heureusement les conférences ne furent pas aussi longues avec la modiste, le bijoutier et le fleuriste, que l'avait été celle avec le costumier.

Cependant en arrivant chez son portraitiste, madame de Lucillière s'aperçut qu'elle ne pourrait lui donner que quelques minutes. Mais le peintre ne se montra pas peiné de ce contre-temps. Il travaillait à son portrait d'après une photographie disposée dans un appareil stéréoscopique pour la tête, et d'après une robe arrangée sur un mannequin pour la toilette ; aussi ne se servait-il que très peu du modèle vivant, seulement pour l'inspiration et non pour l'exécution. Il connaissait le public dont il était le peintre attitré et savait parfaitement qu'il ne fallait pas lui demander l'exactitude. Or, comme il était lui-même exact et régulier au travail, il employait tous les moyens qui pouvaient épargner le temps de ses clientes et surtout le sien. Sans doute il n'arrivait pas ainsi à faire des *Joconde*, mais quelle femme du monde voudrait aujourd'hui son portrait compris et exécuté comme celui de Léonard de Vinci ? L'expression, la flamme intérieure, la vie, c'est quelque chose ; mais la robe ! et précisément La Jarrie égalait dans son art l'illustre Faugerolles dans le sien : chacun de son côté était le roi des costumiers.

Le peu de temps que madame de Lucillière resta chez le peintre lui permit de disposer de quelques minutes avant d'aller chez sa mère.

Elle fit arrêter sa voiture devant un pâtissier du boulevard. A monter et à descendre les escaliers, à parler, à soutenir des discussions, la faim était venue ; elle avait besoin de reprendre des forces. Quelques gâteaux arrosés d'un verre de Porto, lui feraient attendre l'heure du dîner.

Précisément miss Wright se trouvait là, commodément assise devant une petite table, sa demoiselle de compagnie se tenant debout derrière elle.

— Ah ! que vous avez bien fait de venir ici, dit-elle au colonel ; pour le macaroni, c'est la meilleure maison de Paris ; je vous recommande aussi Frascati pour les brioches mousseline, la place de la Bourse, pour les religieuses, la rue de Rivoli pour les pains au foie gras, Rey pour les petits fours.

Et elle continua son énumération.

Comme le colonel lui faisait remarquer qu'elle n'avait pas perdu son temps depuis qu'elle était à Paris :

— J'ai engraissé de trois livres, dit-elle fièrement.

Puis elle reprit ses recommandations : il y avait dans le faubourg Saint-Germain un pâtissier qui faisait des gâteaux meringués excellents, il y en avait un autre dans le faubourg Saint-Honoré dont les pâtés aux crevettes étaient exquis. Il était impossible de mieux connaître Paris au point de vue de la pâtisserie.

En sortant, ils la laissèrent attablée, mangeant lentement, avec la conviction d'une conscience qui accomplit un devoir, et la marquise donna ordre au cocher de la conduire chez sa mère.

Madame de Corcy, la mère de madame de Lucillière, habitait au premier étage d'une des grandes maisons de la rue Royale, un appartement d'où elle ne sortait jamais. Elle avait été l'une des plus belles femmes de la cour de Louis-Philippe, à l'époque où le duc d'Orléans, avait donné un peu de vie à cette cour honnête et bourgeoise. Ses aventures avaient fait assez de bruit pour laisser des souvenirs vivaces chez ceux qui avaient connu ce temps. Née d'une famille de financiers, elle avait épousé le marquis de Corcy, qu'elle avait complètement dominé et annihilé, car elle était une maîtresse femme. Malheureusement elle s'était un jour cassé la jambe dans une partie de chasse; des complications fâcheuses étaient survenues et elle était restée boiteuse, mais boiteuse à ne pouvoir faire un pas sans béquilles. Ainsi frappée dans sa beauté, dont elle était follement fière, elle avait juré que personne ne verrait cette infirmité, et elle s'était condamnée à ne pas quitter son fauteuil. C'était alors qu'elle était venue habiter la rue Royale, car elle ne voulait pas renoncer au monde. Tout Paris passait sous ses fenêtres, et parmi ses amis il s'en trouverait bien quelques-uns sans doute qui feraient arrêter leur voiture pour monter la voir. D'ailleurs elle avait su les attirer par deux appâts tout-puissants : l'esprit et la cuisine. Trois fois par semaine, il y avait table exquise chez elle et tous les jours spirituelle causerie. En échange, elle ne demandait à ses fidèles que de faire son whist, qui était devenu sa seule passion : de quatre à six heures, tous les jours, du commencement de l'année à la fin, elle jouait; puis de dix heures à minuit. Le reste du temps, elle était entièrement à ceux qui la visitaient, occupée à satisfaire leur gourmandise par une chère fine, ou à flatter leur vanité en leur donnant son esprit, qui était des plus délicats.

Madame de Lucillière avait trop le respect de sa mère, pour avouer que la visite du colonel Chamberlain n'était qu'une sorte de gageure; elle présenta donc cette visite comme un hommage que le colonel avait voulu rendre à la marquise, qu'il n'avait pas l'honneur de connaître encore.

Flattée de cette déférence, madame de Corcy déploya son amabilité des grands jours. En l'écoutant, le colonel se demandait comment une vieille femme pouvait être aussi séduisante; il fut charmé, et pour la première fois il comprit ce qu'étaient les Parisiennes; la fille lui avait fait connaître la jeune Parisienne, la mère lui révélait la vieille.

— Combien je vous remercie de m'avoir amené chez votre mère, dit-il à la marquise, lorsqu'il se retrouva seul avec elle; maintenant je comprends pourquoi je vous aime si passionnément; elle vous explique, et avec tout ce qu'il y a d'accentué en elle, les traits de son visage, aussi bien que les formes de son esprit, elle fait bien sentir vos qualités et les rend toutes visibles.

La marquise avait donné l'ordre au cocher de la ramener à l'hôtel, mais ce n'était point le tête-à-tête espéré par le colonel qui les y attendait.

C'était jour de la réunion de l'œuvre de charité, et c'était chez la marquise qu'elle devait avoir lieu; de quatre à cinq heures on travaillait pour les pauvres.

Déjà plusieurs dames étaient arrivées, et elles s'étaient mises au travail. Lorsqu'elles apprirent l'idée de la marquise, il y eut une explosion de rires : comment, un colonel devait assister à des travaux de couture! Quelles fantaisies bizarres avait cette chère marquise!

C'était précisément cette bizarrerie qui amusait la marquise.

Elle voulut la pousser jusqu'à ses dernières limites.

— Vous vous êtes engagé à faire tout ce que je fais moi-même, dit-elle, en jetant au colonel un gilet en grosse laine commune.

— Mais je ne sais pas coudre, dit-il en riant.

— Aussi n'est-ce pas cela que je demande ; au contraire, vous allez découdre les boutons de ce gilet qui ne sont pas en face des boutonnières ; faites bien attention de ne pas couper l'étoffe.

Les jeunes femmes trouvèrent ce jeu fort drôle, mais les vieilles parurent ne pas l'approuver : elles prirent des figures graves, qui montraient clairement qu'elles en étaient choquées. Que dirait M. le curé?

Cependant, peu à peu, la glace se fondit, et, tandis que les ciseaux et les aiguilles marchaient, les conversations s'établirent; malheureusement pour l'instruction du colonel, on n'osa pas trop se livrer.

Aussi la séance ne fut pas longue : l'une après l'autre, ces dames prétextèrent des occupations qui les rappelaient, et à cinq heures, la marquise et le colonel se trouvèrent seuls.

Enfin !

Mais c'était le moment d'aller au bois. N'était-ce pas une habitude, un devoir pour ainsi dire de chaque jour? Sans doute elle était prête à y manquer, mais alors toutes les conditions de l'expérience ne seraient pas remplies.

Il n'avait rien à répondre.

— Allez donc vous habiller, dit-elle, tandis que je m'habille moi-même : vous avez dix minutes.

C'était toujours du bonheur que d'être près d'elle dans cette calèche, où si souvent il devait se contenter de la voir de loin, répondant par un sourire à son salut.

Il était près d'elle, leurs bras se frôlaient, elle avait un pied posé sur le sien, et quand il se penchait vers elle pour lui parler à l'oreille, il respirait le parfum qui se dégageait de ses cheveux.

Et puis quels regards attachaient sur lui ceux qui les saluaient : Serkis-Pacha, le duc, le prince, qui semblaient pétrifiés dans leur voiture !

— Si nous faisions un second tour du lac? dit-il lorsque le premier fut achevé.

— Vous ne vous plaignez donc plus !

Elle ordonna au cocher de recommencer le tour du lac.

Mais il fallut bientôt rentrer : le marquis avait des gens d'affaires à dîner, et la marquise devait faire une nouvelle toilette.

A ce dîner, il fut, bien entendu, placé à sa droite ! mais elle ne s'occupa pas plus de lui que de ses autres convives, car sa règle était de partager également ses attentions et ses sourires entre tous ceux qui s'asseyaient à sa table. Pas de préférence dans son amabilité, chacun en avait sa part, et tous l'avaient tout entière.

Le marquis portait trop loin la religion de la politesse pour parler devant le colonel d'affaires qui n'intéressaient pas personnellement celui-ci ; mais ses invités n'eurent pas la même discrétion. Alors la marquise se mêla, par quelques mots, à l'entretien, et ce fut avec un bon sens pratique, une finesse ou une profondeur d'aperçus vraiment prodigieux ; on eût parlé chinois devant elle qu'elle eût assurément répondu de manière à faire croire qu'elle avait compris.

La réunion dans le salon après dîner ne fut heureusement pas très longue ; ce n'était pas pour parler de futilités mondaines ou pour faire de l'esprit que le marquis avait réuni ses convives, ils avaient à traiter des affaires sérieuses.

Pour la dixième fois, le colonel restant seul avec la marquise, prononça le mot dans lequel se résumaient ses espérances.

— Enfin !

Mais il l'avait dit trop tôt.

— Et Savinien que je n'ai pas encore vu ! s'écria la marquise.

Vraiment le colonel ne pouvait pas trouver mauvais que cette mère pensât à embrasser son fils, et même, malgré toute son admiration pour sa chère Henriette, il se permit de trouver qu'il était un peu tard pour se souvenir qu'elle l'avait oublié.

— Comme il faut que je m'habille pour les soirées où nous irons ce soir, dit-elle, nous allons, si vous le voulez bien, le monter dans mon cabinet de toilette. Il n'est jamais si heureux que lorsque je lui permets d'assister à ma toilette : il adore les chiffons, c'est une fille.

Physiquement M. le comte Savinien de Lucillière ressemblait peu à une fille ; c'était un jeune garçon d'une dizaine d'années, que son portrait peint par Hébert faisait assez bien connaître : visage maigre, teint verdâtre, yeux profonds entourés d'un cercle noir, poitrine étroite, tournure distinguée, regard intelligent et mélancolique d'un jeune homme de vingt ans.

Malgré son assiduité dans la maison, le colonel ne l'avait que peu souvent vu, car l'enfant habitait l'étage supérieur de l'hôtel avec son précepteur et ne descendait pas à la table de ses parents. Mais ce peu suffisait cependant pour qu'il ne lui fût pas sympathique. Il lui reprochait d'être un trop bon comédien, toujours au rôle qu'il se donnait, à ce point que lorsqu'il embrassait sa mère, il avait l'air de jouer la scène de la tendresse filiale, le geste, l'intonation, le regard, tout était maniéré.

Après avoir embrassé sa mère, il tendit la main au colonel, et revenant à sa mère, il l'embrassa de nouveau sur le front, sur les joues, dans le cou.

— Où allez-vous ce soir, lui demanda-t-il, regardant sa toilette de bal qu'elle allait revêtir.

Elle nomma plusieurs maisons.

— Trois soirées, dit-il, et je suis sûr que partout vous serez la plus jolie. Monsieur le colonel, est-ce que vous trouvez qu'il y a des femmes aussi jolies que maman?

— Non assurément.

— J'en étais sûr.

Et de nouveau il l'embrassa ; puis, s'approchant de la robe il la regarda.

— Je ne vous connaissais pas cette robe. Vous ne l'avez pas encore mise, n'est-ce pas? Elle est de Faugerolles?

Abandonnant la robe il s'approcha d'une table de toilette et ouvrant plusieurs tiroirs les uns après les autres, il prit des boîtes et des flacons qu'il flaira. Ayant trouvé une boîte de poudre de riz, il l'ouvrit et se passa un nuage de poudre sur le visage en se regardant dans un petit miroir.

Alors il revint à sa mère, qui pendant ce temps, avait été dans la pièce voisine revêtir sa robe, et il resta longtemps debout devant elle à la regarder, à la contempler avec admiration.

— C'est égal, dit-il, je vous aime mieux quand vous êtes coiffée plus en hauteur; je l'ai dit déjà à Sophie, mais elle ne veut pas me croire.

La marquise pendant ce temps avait achevé sa toilette.

— Est-ce que vous allez déjà partir? dit-il; il est de bien bonne heure.

— Tu veux que je reste encore avec toi, mon enfant?

— Ah! si vous vouliez? dit-il en joignant les mains et avec un accent ému, que le colonel, malgré ses préventions, sentit sincère.

— Mais oui, je le veux.

— Alors puisque vous êtes prête, nous allons descendre dans le salon ; il est éclairé, vous avez eu du monde ce soir.

— Volontiers, mais à une condition : je t'interrogerai sur ce que tu as fait cette semaine.

— Oh ! je veux bien, je suis sûr de répondre. M. Le Menu est content de moi.

— Eh bien ! nous allons faire descendre M. Le Menu ; je serai heureuse qu'il me fasse ton éloge devant toi.

M. Le Menu était un grand jeune homme pâle et timide, qui n'osait pas lever les yeux sur la marquise, qu'il adorait respectueusement de loin, et pour laquelle il faisait des vers, la nuit, qu'il n'avait bien entendu jamais montrés à personne.

La marquise fut satisfaite de son examen : Savinien ne s'était point vanté, il avait vraiment bien travaillé ; sur l'histoire sainte seulement, ses réponses laissèrent à désirer. A la façon dont l'enfant traitait Ruth et Booz, il semblait que ces personnages n'avaient pas pour lui grande importance.

Alors madame de Lucillière adressa un petit discours au précepteur : elle ne le gronda pas, mais elle regretta, avec des paroles bien senties, qu'il négligeât l'histoire sainte. En effet, n'était-ce pas l'histoire par excellence, celle dont tout découlait ? Il ne fallait pas avoir à cet égard les idées de l'Université, surtout il ne fallait pas les appliquer.

Cette petite leçon donnée au pauvre précepteur, pâle d'émotion, et son fils bien embrassé, elle monta en voiture avec le colonel.

— Comment donc, demanda celui-ci, avec vos idées, n'avez-vous pas un abbé pour précepteur de votre fils.

— Parce que je ne veux mécontenter ni les jésuites ni les dominicains, ni tous ceux qui ont intérêt à me donner un homme à eux et qui espèrent y arriver un jour. Je les laisse dans cette espérance, et par là je reste bien avec tous. De plus, s'il me plaît de dire quelquefois ce qui se passe chez moi, je ne veux pas qu'on l'apprenne par d'autres; ce grand garçon timide est la discrétion même.

Ce fut à deux heures du matin seulement que le colonel ramena enfin la marquise chez elle.

Dans chacune des trois maisons où elle s'était montrée, elle avait été selon les prévisions de son fils, « la plus jolie », au moins aux yeux du colonel. Cependant une certaine amertume s'était mêlée à la satisfaction de celui-ci : dans la première de ces maisons, elle avait rencontré le prince Seratoff; dans la seconde, le duc de Mestosa; dans la troisième, lord Fergusson.

— Il y a seize heures que nous sommes ensemble, dit la marquise en arrivant à son hôtel; comment, mon ami, trouvez-vous notre journée?

— Charmante, et je suis prêt à recommencer demain, tous les jours.

— Pour cela, il faudrait que vous fussiez mon mari, et et ce n'est pas à souhaiter, il me semble, pour notre amour. Quels torts le marquis a-t-il envers moi? Un seul : il est mon mari.

XII

En voyant M. de Lucillière chaque jour, en traitant avec lui fréquemment des questions d'affaires, le colonel avait peu à peu appris à le connaître.

A le regarder, à l'étudier, on ne pouvait s'empêcher de le comparer à ces articles de Paris, à ces bibelots qui, au premier coup d'œil, paraissent charmants et qui en réalité ne sont bons à rien.

— A quoi diable le marquis serait-il propre, s'il n'était pas M. le marquis de Lucillière? se demandait quelquefois le colonel.

Et il ne trouvait pas de réponse à cette interrogation.

Si l'on cherchait à savoir ce qu'il pensait, ce qu'il croyait, on n'arrivait pas davantage à un résultat.

Ni foi religieuse, ni foi politique, le scepticisme ou plutôt l'indifférence la plus complète : ces choses-là n'existaient pas pour lui, ça manquait d'actualité; ce n'était pas la peine de s'en préoccuper, de s'en embarrasser.

D'instinct il était pour la tradition, mais tout prêt cependant à accepter ou à subir ce qui était le moins conforme aux principes traditionnels.

Il l'avait bien prouvé en se laissant faire chambellan, alors que la cour des Tuileries tâchait de trouver quelques grands noms pour couvrir les aventuriers et les déclassés dont elle devait payer les services.

Qui obligeait le descendant des Lucillière à s'enrôler dans cette troupe? Absolument rien; et cependant, pour de très médiocres avantages, il s'était laissé faire. N'ayant de haine ni de mépris pour rien ni pour personne, il était facile aux complaisances et aux concessions. Que lui importait? Après tout, ces gens-là étaient portés par le succès, et il avait une certaine considération pour tout ce qui réussissait.

Lorsqu'on l'avait bien tourné et retourné, examiné sous toutes les faces, lorsqu'on avait ausculté son cœur, mesuré son cerveau, comparé entre elles les diverses forces qui le dirigeaient, on arrivait à cette certitude qu'il n'y avait en lui qu'un mobile, qu'une passion, l'intérêt personnel se résumant dans une seule chose, l'argent.

Cependant cette découverte ne l'expliquait pas entièrement, car cette passion du gain eût dû le jeter dans le mouvement financier, et, avec son nom et sa fortune patrimoniale, il lui eût été facile de s'y faire une grande situation.

Or cette situation, il ne l'occupait pas, et il n'avait jamais pris part aux grandes opérations financières ou industrielles de son temps; au contraire il s'en était tenu prudemment à l'écart, et il ne s'était jamais occupé que de petites affaires, de spéculations plus ou moins avouables, mais dans lesquelles, les risques pour lui étant nuls, les bénéfices étaient certains et relativement considérables.

C'était ainsi qu'il avait fondé son écurie de courses, qui, prudemment administrée, admirablement dirigée, — trop habilement même, disaient quelques personnes, — était entre ses mains non une distraction, mais une excellente affaire, qui, chaque année, que ses chevaux eussent été victorieux ou battus, lui rapportait de gros bénéfices. Quelques rivaux ou des envieux insinuaient, il est vrai, qu'ils n'auraient pas voulu d'un argent gagné par les moyens que le marquis employait; mais celui-ci ne prenait pas souci de ces propos. Il n'y avait qu'une chose qu'il méprisât en ce monde, c'était l'opinion publique; il avait l'argent, le reste importait peu.

Lorsqu'on était arrivé à ce point dans l'étude de ce caractère, on constatait que la passion du gain, unique mobile des actions et des idées du marquis, n'avait qu'un seul but, le gain pour le gain, l'argent pour l'argent lui-même et non pour les jouissances qu'il peut donner, c'est-à-dire que M. de Lucillière était un avare et n'était qu'un avare.

Tel il était en effet.

Ce fut peu à peu que le colonel arriva à cette conclusion, tant il lui paraissait invraisemblable qu'un homme tel que le marquis, avec son nom, ses habitudes, ses relations, pût être un avare.

Pour lui, l'avare c'était Shylock, Harpagon ou Grandet; un être vieux, laid, mal élevé, ayant la passion de l'argent parce que toute autre passion lui était interdite.

Cent fois, il avait été témoin de faits qui l'avaient stupéfié, lorsqu'un jour il fut non seulement témoin, mais encore partie dans une scène qui lui montra ce qu'était vraiment cet homme, et ce qui se cachait sous ces dehors séduisants, sous cette politesse de manières, sous cette amabilité, sous cette distinction de langage.

Il était venu le matin chez le marquis et ils étaient sortis à pied ensemble.

Madame de Lucillière, qui était légèrement souffrante, gardait la chambre ; il n'avait donc pas pu la voir.

Après avoir cheminé durant quelques instants à côté du marquis, qui se dirigeait vers l'intérieur de Paris, le colonel l'avait quitté en disant qu'il allait passer la journée à Saint-Cloud.

Le nom de Saint-Cloud lui était venu à l'improviste, car il n'avait nullement affaire à Saint-Cloud, son intention réelle étant de retourner à l'hôtel de la rue de Courcelles pour voir la marquise et passer quelques instants près d'elle.

Il était donc revenu à grands pas, et il avait forcé la consigne, à laquelle d'ailleurs la femme de chambre, qui savait à quoi s'en tenir, n'avait pas tenu bien rigoureusement.

— Si M. le colonel tient à voir madame la marquise, s'était dit Sophie, c'est qu'il a ses raisons pour cela.

Elle avait été prévenir sa maîtresse, qui aussitôt avait reçu le colonel.

— Vous, cher ami ?

— Je suis sorti tout à l'heure avec le marquis ; mais le quittant en route, je lui ai dit que j'allais passer la journée à Saint-Cloud ; alors je suis accouru ici ; j'avais besoin de vous voir, de savoir. Comment vous trouvez-vous ?

— Un peu fatiguée seulement ; voilà pourquoi je ne suis pas sortie. Mais il faut que je vous gronde ; encore un enfantillage.

— C'est un enfantillage de vouloir vous voir ?

— C'est un enfantillage d'employer de pareils moyens, quand vous pouvez me voir tout naturellement.

Les minutes, les heures s'écoulèrent vite comme toujours lorsqu'ils étaient ensemble.

Tout à coup, une petite chienne, nommée Zizi, qui était endormie sur un fauteuil, se mit à aboyer joyeusement.

Cette petite bête, fort jolie, toute mignonne et toute blanche, était un animal fort intelligent, qui avait un talent singulier. A sa façon d'aboyer on pouvait, avec un peu d'habitude, reconnaître qui entrait dans l'hôtel, bien entendu alors qu'il s'agissait de personnes qu'elle voyait fréquemment. Ainsi une série de jappements joyeux annonçait sûrement l'arrivée du marquis pour lequel elle avait beaucoup d'affection; si elle grondait sourdement, c'était le prince Seratoff qu'elle n'aimait guère; si elle se jetait sur la porte en aboyant avec fureur, c'était Serkis-Pacha qu'elle détestait du plus profond de son âme de chien. Pour le duc de Mestosa, qui lui était indifférent, elle se contentait d'un appel. Enfin, lorsqu'elle avait senti lord Fergusson ou le colonel Chamberlain, pour lesquels elle avait une certaine sympathie, elle aboyait doucement en tapant de la queue. Encore était-il facile de distinguer lequel des deux elle annonçait ainsi : les battements de queue étaient plus précipités pour lord Fergusson, qui était plus ancien dans son amitié.

— Le marquis ! dit madame de Lucillière.

Mais cet avertissement était inutile, le colonel avait reconnu qui la chienne annonçait.

— Je ne puis cependant pas me montrer, dit-il vivement.

— Passez dans mon cabinet de toilette et fermez la porte qui ouvre sur le corridor : c'est par là seulement que pourrait vous surprendre Sophie. Quant au marquis, je vous promets qu'il n'entrera pas; seulement je voudrais que vous fussiez pris d'une envie invincible de tousser ou d'éternuer, pour vous apprendre à ne plus nous exposer à pareil embarras. Allez vite, voici Zizi qui quitte son fauteuil : le marquis vient me voir.

Le colonel n'eut que le temps de passer dans le cabinet de toilette, dont il ne put pas même refermer la porte, car le marquis entrait.

— Vous êtes seule ? demanda le marquis.

— Avec qui voulez-vous que je sois ?

— Ce n'est pas ainsi qu'il faut comprendre ma question: j'ai voulu seulement constater que vous étiez seule, et en même temps j'ai voulu marquer que j'en étais bien aise. C'est pour vous en effet que je suis rentré.

Le colonel n'avait nulle envie de connaître les affaires de madame de Lucillière ; mais il ne pouvait pas quitter le cabinet de toilette, et il ne pouvait pas non plus empêcher ses oreilles d'entendre ce qui se disait à haute voix dans la pièce voisine.

— Je viens de chez Faugerolles, commença le marquis. Depuis longtemps je voulais faire cette visite, et je la différais toujours, par suite de ce sentiment qui nous porte souvent à fuir les mauvaises nouvelles. Je me doutais, en effet, que les nouvelles que j'apprendrais là seraient fâcheuses. Je ne me trompais pas. Fâcheuses, en effet, ont été les révélations qui ont répondu à mes questions, plus fâcheuses même que je ne prévoyais.

— Et sur quoi ont porté ces révélations fâcheuses ?

— Sur votre note.

— Ah ! Faugerolles vous a communiqué ma note ? Voilà qui est étrange, et qui de sa part m'étonne beaucoup.

Il y eut dans ces trois mots « de sa part » une allusion pleine de dédain qui frappa le colonel et lui causa une certaine satisfaction : elle jugeait bien son mari.

— Faugerolles, continua le marquis, a commencé par chercher des faux-fuyants ; puis, après s'être longtemps débattu, il m'a dit que c'était madame la marquise de Lucillière qui lui avait fait ces commandes, que c'était elle qui usqu'à ce jour l'avait payé, et que c'était à elle, à elle seule qu'il devait communication de sa note, si elle la demandait. Vous conviendrez que j'aurais pu me fâcher d'une pareille réponse; je n'en fis rien cependant. Je me contentai de représenter à l'illustre Faugerolles que sa réponse n'était pas polie, ce qui pouvait n'avoir que peu d'importance; mais que de plus elle était maladroite et dangereuse, ce qui devenait beaucoup plus sérieux, surtout au point de vue de ses intérêts. Et j'expliquai à ce fameux costumier, qui connaît mieux la toilette que la loi, qu'en cas de contestation sur cette note, ce qui pouvait arriver, il serait bien grave de dire à un tribunal qu'il avait refusé au mari communication de la note de la femme. Comme je le prévoyais, cet argument direct le toucha; il s'adoucit, me promit de m'envoyer sa note, ce que je ne voulais pas, car ce serait une note telle quelle et assurément fausse, et enfin, acculé dans ses dernières défenses, il se décida à me laisser prendre connaissance de votre compte sur ses livres mêmes : ce que je voulais, bien assuré d'avoir là, et là seulement, la vérité entière. Vous me suivez, n'est-ce pas?

— Comme je sens ce que vous allez me dire, je vous prie de ne pas continuer.

— Désolé de ne pouvoir pas vous obéir. Votre note pour l'année courante s'élève déjà à 153,455 francs, sur lesquels vous n'avez rien payé; attendu que les payements que vous avez effectués en différentes fois ont été imputés sur votre note de l'année dernière, qui est loin d'être entièrement payée.

— Je le sais.

— Savez-vous aussi que sur cette note vous restez devoir 68,931 francs. Or, si nous additionnons 68,931 francs et 153,455 francs, nous trouvons que vous devez à Faugerolles 222,386 francs.

Il se fit un moment de silence, mais bientôt le marquis reprit :

— Lorsqu'il a été convenu entre nous que je vous abandonnerais l'administration de votre fortune dotale, il était entendu, n'est-il pas vrai, que vous payeriez vos dépenses personnelles ? Or la dette de Faugerolles est par excellence une dette personnelle, faite par vous, pour vous; cependant elle n'est pas payée.

— J'ai perdu de l'argent cette année dans plusieurs affaires où je devais en gagner.

— Oui, je sais; vous avez même perdu des sommes considérables aux courses, ce qu'il vous était facile d'éviter en ne faisant que des opérations sur mes chevaux.

— Je ne fais pas de paris à coup sûr.

— Et moi, je ne fais que ceux-là; mais ne discutons pas ce point, il y en a un plus important à vider entre nous. Ce n'est pas seulement pour vous révéler le chiffre de votre dette que j'ai entrepris cette explication, pénible autant pour moi qu'elle peut l'être pour vous. J'ai un intérêt sérieux qui me force à parler : vous comprenez en effet, vous qui possédez à un si haut point le sens des affaires, que ma situation est des plus mauvaises. Ainsi, à ne prendre qu'une hypothèse dont la réalisation est bien peu probable, mais néanmoins possible, qu'arriverait-il, si j'avais la douleur de vous perdre ! Vous êtes plus jeune que moi, pleine de force, pleine de santé, je le sais, et c'est précisément parce que je le sais que je puis aborder ce sujet. Il arriverait, n'est-ce pas, que je devrais payer ces 222,386 francs, qui ne seraient plus votre dette personnelle, mais la mienne. Cela est-il juste? Je ne vous fais pas l'injure d'attendre votre réponse : il ne faut donc pas que cela puisse arriver. Aussi je désire, j'entends que d'ici à huit jours vous ayez payé Faugerolles; de plus, je désire aussi, que, d'ici à un mois, vous ne deviez plus rien à votre bijoutier ni à votre modiste. Sans doute, je sais que cette exigence va vous mettre dans un certain embarras; mais que voulez-vous ? je ne peux pas rester plus longtemps en face d'une pareille responsabilité. Vous me direz qu'une somme de cette importance ne se trouve pas du jour au lendemain. Cela serait juste, si vous deviez vous en tenir à vos seules ressources; mais ce n'est pas le conseil que je vous donne. Puisque vous n'avez pas pu payer jusqu'à ce jour, vous ne le pourriez pas davantage maintenant.

— Alors?

— Alors je vous engage à vous adresser à votre mère. Mon Dieu! vous lui direz la vérité : madame de Corcy sait comment une femme peut se laisser entraîner. De plus, vous pourrez lui dire encore mes exigences; je vous y autorise pleinement. Chargez-moi; représentez-moi comme un mari barbare, comme un ogre, comme un nouveau Barbe-Bleue.

— Un seul mot d'explication, je vous prie.

— Tout ce que vous voudrez.

— Si je ne puis pas payer ces différentes notes dans le délai que vous me fixez, qu'entendez-vous faire?

— Mon Dieu! une chose bien simple : demander aux tribunaux la réduction de ces mémoires, dont le chiffre, j'en suis certain, est exagéré dans des proportions insensées. Si je paye moi-même, vous devez comprendre que je désire payer le moins possible, et je suis convaincu que les tribunaux feraient bonne justice de ces mémoires. Dites donc à un juge que la toilette d'une femme peut monter par an à 153,455 francs!

La porte par laquelle le marquis était sorti était fermée depuis quelques instants déjà, et le colonel attendait encore qu'elle vînt elle-même dans le cabinet de toilette. Ne la voyant pas venir, il se décida à entrer dans la chambre.

Elle était dans le fauteuil où il l'avait laissée, mais la tête cachée entre les mains, de sorte qu'il ne voyait pas son visage, incliné en avant.

Alors il s'approcha d'elle doucement à petits pas; puis, arrivé auprès de son fauteuil, il s'arrêta et attendit.

D'une voix attendrie, il prononça son nom à plusieurs reprises.

— Henriette! chère Henriette!

— Allez-vous-en, dit-elle, je vous en prie! Que je ne vous voie pas!... Plus tard, pas en ce moment.

Il était lui-même trop mal à l'aise pour ne pas comprendre ce sentiment de honte.

Cependant, avant de se retirer, il lui prit la main et la serra dans une étreinte passionnée, mais en détournant les yeux.

— A demain, dit-il.

Mais, comme il avait fait quelques pas du côté de la porte, elle le rappela:

— Édouard!

Puis, de la main, l'appelant près d'elle, elle lui jeta les bras autour du cou.

— Embrasse-moi, dit-elle désespérément; mais embrasse-moi donc, fais-moi oublier.

Mais presque aussitôt le repoussant;

— Ne me regardez pas ainsi, dit-elle.

Appuyant son front contre lui, elle se cacha la tête.

Ils restèrent dans cette position pendant quelques minutes, qui furent terriblement longues pour le colonel car il sentait que maintenant il fallait parler, et précisément il ne savait que dire.

— Avant tout, dit-il, un mot, je vous prie, et une réponse franche, telle qu'elle doit sortir de votre bouche. Voici ma question: madame de Corcy est-elle en état de vous fournir présentement les sommes dont vous avez besoin et croyez-vous pouvoir les lui demander?

Du regard, il insista.

— Je pourrais demander ces sommes à ma mère, dit-elle enfin, et c'est même à elle seule que je pourrais m'adresser; cependant, je ne le ferai pas, car je sais que ma mère serait en ce moment, même en se gênant, même en empruntant, dans l'impossibilité absolue de me prêter les sommes qui me sont indispensables. J'ai déjà eu recours à elle, et je l'ai épuisée. Ce n'est donc pas à elle que je m'adresserai.

— Maintenant voulez-vous me permettre de vous demander encore si depuis que vous êtes placée sous le coup de cette brutale exigence, il ne s'est pas présenté le nom d'une personne à laquelle vous pourriez demander ce prêt ?

— Édouard !

— Je vous en prie, répondez-moi.

— Eh bien !... non.

— Ainsi l'idée ne vous est pas venue qu'il y avait près de vous un ami qui serait le plus heureux homme du monde, si vous lui donniez ce témoignage d'estime, de confiance et de tendresse, de vous adresser à lui ; si vous lui donniez cette joie, de ne pas attendre qu'il vous propose ce faible service.

— Il y a, en effet, près de moi un homme à qui je n'aurais pas hésité à demander ce service, s'il avait été toujours pour moi ce qu'il était il y a quelques mois, c'est-à-dire un ami, rien qu'un ami, mais à qui je ne puis rien demander, de qui je ne puis rien recevoir, qui ne peut rien me proposer... maintenant.

Il se fit un moment de silence entre eux, car ces paroles démontaient le plan du colonel.

Mais bientôt il reprit ; — car s'il avait une certaine timidité à aborder les situations difficiles, il avait par contre une invincible ténacité à continuer ce qu'il avait commencé ; que les chances fussent pour lui ou contre lui, il ne renonçait jamais à ce qu'il avait entrepris et il allait même jusqu'au bout.

Il avait jusqu'alors parlé sur le ton de la consolation et de la tendresse, avec de doux ménagements, mais ce ton s'affermit lorsqu'il fut question de lutte.

— Vous avez voulu me fermer la bouche par vos dernières paroles, dit-il.

— J'ai voulu faire ce que je dois.

— Et c'est précisément parce que moi aussi je veux faire ce que je dois, et tout ce que je dois, qu'il m'est impossible de m'incliner devant votre volonté.

— Mon ami...

— Est-ce à l'ami que vous vous adressez ? Alors vous n'avez qu'un langage à tenir, celui de la franchise et de l'amitié.

Il attendit un moment une réponse ; elle ne lui en fit point.

— Alors ce n'est pas à l'ami, ce n'est pas au colonel Chamberlain, c'est...

— Édouard.

— Précisément c'est cela que je veux dire, c'est à Édouard que vous avez parlé. Eh bien ! voici quelle est la réponse de celui à qui vous vous êtes adressé, et Édouard, celui que vous appeliez naguère votre cher Édouard.

— Naguère ?...

— Celui que vous appelez votre cher Édouard prévient sa chère Henriette qu'il met aujourd'hui à sa disposition la somme dont elle a besoin.

— Pas un mot de plus ou je vous cède la place.

— Pas un mot de refus ou je vous donne ma parole que demain j'aurai quitté l'Europe et que vous ne me reverrez jamais.

— Vous m'aimez et vous me parlez ainsi ?

— Vous m'aimez et c'est ainsi que vous agissez ?

— Au-dessus de mon amour, il y a l'honneur.

— Votre honneur n'est point en cause, et je vous jure qu'il ne sera jamais en meilleures mains que les miennes ; ne confondez pas l'orgueil et l'honneur. Votre orgueil ? Je puis le blesser, car j'ai la parole malhabile toujours, et plus encore quand je suis entraîné. Mais votre honneur ? Ce n'est point avec l'habileté qu'on juge ce qui touche à l'honneur, je suis donc bien certain de ne pas l'outrager ; voilà pourquoi je parle librement, au risque de parler maladroitement. C'est précisément votre honneur que j'ai en vue, et aussi votre réputation, votre repos, notre amour. Comment voulez-vous que, devant de tels intérêts, je puisse garder le silence, même quand vous m'en priez ?

Elle se défendit longtemps encore ; mais, sans se laisser repousser, il la pressa si bien, qu'il finit par obtenir non qu'elle acceptât sa proposition, mais au moins qu'elle ne la refusât pas d'une façon définitive, sans l'avoir examinée, dans le calme de la réflexion.

Au lieu de rentrer chez lui en sortant de chez madame de Lucillière, il se rendit rue de la Paix, chez ses banquiers, où il se fit donner une somme de trois cent mille francs en trois cents billets.

Alors il revint chez lui et, prenant un livre relié du format des billets de mille francs, il déchira toutes les feuilles de ce livre et les remplaça par les trois cents billets.

Cela fait, il enveloppa lui-même ce volume ainsi composé d'images bleues, dans une grande feuille de papier qu'il ferma de plusieurs cachets de cire.

Puis, ayant écrit sur cette couverture le nom de la marquise, il envoya Horace porter ce volume rue de Courcelles.

— Tu demanderas à voir la marquise elle-même, et tu remettras ce livre entre ses mains. En même temps, tu lui diras, retiens bien mes paroles : « Voici un livre que mon colonel, avant de partir pour Saint-Cloud, où il doit rester trois jours, m'a chargé d'apporter à madame la marquise, et de ne remettre qu'entre ses mains. » Et tu t'en iras sans autre explication.

Ce n'était pas en effet sur des explications que le colonel avait bâti son plan, mais sur la curiosité, et finalement sur la tentation, pendant ces trois jours d'absence qu'il s'imposait réellement.

Horace s'acquitta exactement de sa commission.

— Comment ! votre maître est parti pour trois jours ? demanda la marquise ; il m'avait promis de venir me voir demain.

— Je ne sais pas. Mais peut-être y a-t-il un mot dans le volume. Voilà tout ce que mon maître m'a chargé de dire à madame la marquise.

Madame de Lucillière ne trouva pas le mot d'explication qu'elle chercha dans le volume, mais elle trouva les trois cents billets.

Elle écrivit au colonel. Le valet qu'elle envoya lui rapporta que le colonel était à Saint-Cloud. Le lendemain, on lui fit la même réponse.

Ce fut le troisième jour seulement que le colonel se présenta rue de Courcelles.

Mais la marquise n'était pas seule dans son salon, elle avait près d'elle le marquis et plusieurs personnes.

— Eh bien ! demanda le marquis, vous êtes-vous amusé à Saint-Cloud ?

— Mais oui, je vous remercie.

Puis, laissant là le marquis, il tendit la main à madame de Lucillière, qui la prit dans la sienne et la serra.

— A propos, dit-elle en le regardant avec un sourire, j'ai reçu votre volume.

Elle fit une pause, et le regarda : il était pâle.

— Je l'ai dévoré, ajouta-t-elle.

— Alors je ne me trompais pas en espérant qu'il vous intéresserait ?

— Quel livre ? demanda le marquis.

— Un livre d'images, dit-elle en riant.

Non seulement elle avait accepté, mais encore elle en prenait gaiement son parti.

XIII

Un jour, madame de Lucillière, qui depuis quelque temps se montrait préoccupée et inquiète sans avoir voulu répondre aux questions pressantes qu'il lui adressait à ce sujet, déclara qu'elle avait des craintes sérieuses du côté de son mari.

— Un danger nous menace : j'en suis certaine, je le sens ; il s'est fait dans le marquis, dans son humeur, dans son caractère, dans ses habitudes, des changements qui me paraissent singulièrement menaçants.

— Quels changements?

— Lui, qui ne m'avait jamais adressé une question, passe son temps maintenant à m'interroger, et il note soigneusement mes contradictions, quand il m'en échappe, ce qui arrive quelquefois, car lorsqu'on ment, on ne se rappelle pas ses mensonges et l'on se perd dans ce qu'on a dit. De plus il interroge mes gens, j'en suis certaine, ma femme de chambre, mon cocher ; si je n'étais pas sûre de la discrétion de Sophie et du cocher que vous m'avez donné nous serions perdus. Mais le marquis ira-t-il jusqu'à la somme qui ferait céder cette discrétion? c'est ce que j'ignore, et vous comprenez qu'il y a là un tourment incessant.

La conclusion de cet entretien fut qu'il fallait s'entourer de précautions, veiller sur soi, et se voir moins souvent.

Les précautions de la prudence, le colonel les admettait parfaitement.

Mais ne plus se voir c'était à quoi il ne voulait pas se résigner.

— Voulez-vous me perdre?
— Voulez-vous me désoler!
— Trouvez un moyen d'empêcher les soupçons du marquis.
— Et lequel?
— Cherchons.

Il chercha, il s'ingénia de mille manières ; mais le soupçon est de telle nature précisément que ce qu'on fait pour l'éloigner a presque toujours pour résultat certain de le rapprocher ; il en est de lui comme des précautions qu'on prend auprès d'une personne endormie et qu'on réveille par cela même qu'on fait tout pour ne la pas éveiller.

Ce fut madame de Lucillière, qui au bout de quelques jours terriblement longs pour le colonel, — car il était resté tout ce temps sans la voir, — trouva ce qu'il avait vainement cherché.

— Eh bien demanda-t-elle en l'abordant, à quoi vous êtes-vous arrêté. Pour moi je n'ai eu qu'une idée, mais tellement bizarre, tellement originale, que je ne voulais pas vous la dire. Voilà pourquoi je vous demandais ce que vous aviez trouvé et à quoi vous vous étiez arrêté.

— Vite, vite, cette idée.
— Vraiment je n'ose pas.
— Je vous en prie ; pensez à ce qu'ont été ces journées pendant lesquels nous avons été séparés.

Elle hésita un moment ; puis enfin se décida, et parlant rapidement pour en avoir plutôt fini avec ce qu'elle avait à dire, détournant les yeux pour ne pas rencontrer ceux du colonel :

— L'entretien que vous avez entendu, enfermé dans mon cabinet de toilette, a dû vous faire connaître le marquis, comme si vous aviez vécu plusieurs années dans son intimité ; car il a parlé en toute franchise, sans ménagement aucun, sans rien cacher de son caractère. Que pensez-vous de lui ?

— Mais...

— Franchement répondez, car c'est de l'opinion que vous avez dû vous former alors, que dépend l'exécution de mon idée, possible ou impossible, selon ce que vous allez me dire.

— Eh bien ! je pense que M. de Lucillière porte le souci de son intérêt personnel, loin, très loin, plus loin que personne ; je pense aussi...

— Ce que vous avez dit suffit, je n'ai pas besoin d'en savoir davantage et, moins nous échangerons de paroles sur ce sujet mieux cela vaudra.

— Alors votre idée n'est pas exécutable.

— Au contraire; au moins elle est à tenter, car c'est en partant d'une opinion qui est exactement la même que celle que vous venez d'exprimer, que cette idée m'est venue. Dans notre situation, que faut-il ? Une seule chose : calmer les soupçons du marquis, qui en ce moment n'existent qu'à l'état vague et n'ont pas pris encore une existence matérielle, un corps, pour ainsi dire. Tout ce que nous ferons de direct dans ce but ira contre nos intentions. Si nous changeons notre manière d'être, — danger ; si nous ne la changeons pas, — danger encore. Si vous êtes affectueux avec le marquis, — danger ; si vous êtes dur et fier, — danger toujours. Ce n'est donc pas en nous que nous devons chercher ce qui nous protégera, c'est dans le marquis lui-même. Je veux dire que c'est de lui que doit venir sa propre sécurité. Et pour cela je ne trouve qu'un moyen qui est de le placer entre sa jalousie et son intérêt. De quel côté ira-t-il d'abord ? Hélas ! la réponse n'est pas douteuse : du côté de son intérêt. Si nous arrivons à arranger les choses de telle sorte que M. de Lucillière voie toujours en vous une personne qui est utile à son intérêt, il sera aveuglé par ce mirage et ne verra pas autre chose ; on ne cherche pas volontiers ce qu'on craint, tandis qu'on cherche obstinément ce qu'on désire. Il faut donc que M. de Lucillière cherche toujours à conserver de bonnes relations avec vous.

— Comment cela ?

— Si je n'avais pas trouvé ce moyen mon idée ne signifierait rien et je ne vous en aurais pas entretenu. En somme ce moyen est assez simple : il consiste pour vous à devenir l'associé du marquis dans son écurie de courses, non plus en pariant pour ses chevaux, ce qui ne signifie pas grand'chose, mais en partageant avec lui la copropriété de ses chevaux et de son haras, ce qui a une importance considérable.

— Comment arranger cette association.

Ce n'était pas le marquis qui pouvait la proposer au colonel.

C'était au contraire celui-ci qui devait la faire accepter par le marquis.

— Je crois que si vous allez tout simplement demander au marquis de vous associer dans son écurie, cela ne serait pas très habile, dit madame de Lucillière.

— Alors que faire ?

— Il faudrait, il me semble, que ce projet d'association vous fût proposé par le marquis lui-même.

— Vous vous chargez de lui suggérer cette idée ? dit le colonel, entrevoyant la possibilité d'être débarrassé de cette négociation, horriblement désagréable et pénible pour lui sous tous les rapports.

— Non assurément.

— Je ne vois pas alors comment la lui suggérer moi-même.

— Tout simplement en lui demandant de vous vendre son écurie entière. Pourquoi le désir ne vous serait-il pas venu de faire courir ? Rien n'est plus naturel dans votre position. Le marquis refusera ; car, pour rien au monde, il ne ferait le sacrifice de son écurie. Mais ne voulant pas s'en défaire, d'un autre côté voulant profiter de votre offre, le marquis, si vous le poussez adroitement, aura l'idée d'une association : il gardera la moitié de la propriété de l'écurie, il gardera sa direction, ce à quoi il doit tenir par-dessus tout, et il vous cédera en propriété la seconde moitié, qu'il vous proposera lui-même comme arrangement et pour donner satisfaction à vos désirs. La chose ainsi posée ne sera plus qu'une affaire à discuter entre vous.

— Il n'y aura pas discussion.

— Vous auriez tort de vous montrer trop facile. D'abord cela serait maladroit ; car voulant l'écurie entière, vous devez être très fâché de n'en avoir que la moitié. Et puis il ne me convient pas que dans cette circonstance, alors que vous n'agissez que d'après mon inspiration, vos intérêts soient sacrifiés. Défendez-les au contraire et vigoureusement, car il est à prévoir qu'ils seront vigoureusement attaqués. Après tout, c'est une affaire.

— Pas pour moi, vous savez bien que je ne fais pas d'affaires.

— Il faut au moins que le marquis soit persuadé que vous en faites une, notre sécurité est à ce prix, et puis laissez-moi ajouter encore que l'estime du marquis sera proportionnée à votre habileté.

— Ce n'est pas son estime que je veux acheter, ne put s'empêcher de dire le colonel.

La marquise ne répondit rien, mais elle haussa les épaules ; décidément ce n'était et ce ne serait jamais qu'un sauvage.

— Et quand désirez-vous que j'entreprenne cette négociation ? demanda-t-il.

— Mais aussitôt que possible.

— Tout de suite alors.

Les choses se passèrent exactement comme la marquise les avait prévues.

A la proposition de vendre son écurie, M. de Lucillière poussa les hauts cris.

— Vendre ses chevaux, mais il les aimait, c'étaient ses élèves; ses juments! mais il ne pourrait jamais s'en séparer.

On lui eût demandé à acheter son fils Savinien, qu'il n'eût pas témoigné plus de regrets.

Le colonel se montra touché comme il convenait de cette explosion de tendresse, et il regretta d'autant plus cette affection du marquis qu'il était disposé à consacrer une grosse somme à cette acquisition.

— Une grosse somme vraiment?

Et M. de Lucillière ouvrit les oreilles et se haussa sur la pointe des pieds comme pour mieux voir au loin quelle pouvait être cette grosse somme.

— Celle que vous m'auriez fixée vous-même en toute conscience et d'après la valeur réelle de vos chevaux, que vous seul êtes en état d'apprécier.

— Ah! vraiment, vraiment? Cette envie de faire courir était donc bien vive?

— Très vive : n'était-ce pas naturel dans ma situation?

— Tout à fait naturel; aussi était-il vraiment fâcheux de ne pouvoir pas la satisfaire. Mais c'est impossible, je ne peux pas me séparer de mes chevaux.

— Alors, il faut décidément renoncer à cette idée.

— Mais non, mais non, s'écria le marquis; peut-être serait-il possible de tout concilier, et votre désir d'avoir une écurie et ma résolution bien arrêtée de ne pas me séparer de la mienne.

On était arrivé au moment décisif; le colonel eut honte de poser la question qui devait amener cette conciliation, cependant il se décida.

— Et comment cela? demanda-t-il avec un embarras

qui pouvait passer pour l'incrédulité d'un homme qui ne voyait que des impossibilités devant lui.

— Vous avez prononcé un mot tout à l'heure qui m'a suggéré une idée : pourquoi n'établirions-nous pas entre nous une association ?

Le colonel, pour bien jouer son rôle, aurait dû pousser des cris de joie, mais il n'en eut pas le courage.

— L'idée ne vous sourit pas ? demanda M. de Lucillière.

— Ce n'est plus la mienne.

— Au contraire, c'est absolument la vôtre. Que vouliez-vous ? Mon écurie. Je vous la donne, c'est-à-dire que je vous en donne la moitié. Au lieu d'être unique propriétaire, vous êtes copropriétaire. Et permettez-moi de vous dire qu'il y a là pour vous un avantage considérable : vous vous occupez depuis trop peu de temps des choses du sport pour trouver mauvais que je vous dise que vous n'en possédez pas encore toutes les finesses, ou, pour me servir d'un mot que je n'aime guère, mais qui est juste en cette circonstance, toutes les rouetries. Eh bien ! il est certain que si vous aviez été seul propriétaire, vous auriez été exposé, au moins pendant les premiers temps, à être trompé, disons le mot à être volé. Tandis que, m'ayant près de vous, je vous préserverais de ce danger. D'un autre côté, je vous initierais à la partie technique du métier, que vous ne connaissez pas non plus, et qui ne s'improvise pas, je vous assure. Cela vous convient-il ainsi ?

Il fallut discuter les conditions de cette association que le marquis offrait si généreusement à son ami, rien que pour lui être agréable, et ce ne fut pas une petite affaire.

— Voici comment je comprends notre association, dit le marquis : nous estimons mon écurie et le haras à leur valeur ; et vous me payez la moitié de cette valeur ;

de plus, nous estimons ce que l'écurie me rapporte de bénéfice en établissant une moyenne, et vous m'achetez, moyennant une somme déterminée, le droit de partager ces bénéfices à partir du jour de notre association ; car ce que je vous cède, c'est une affaire en plein succès, qui m'a coûté beaucoup de temps et d'argent, et vous ne voudriez pas que je vous fisse cadeau d'une position créée par moi seul.

Assurément le colonel ne voulait pas que le marquis lui fit un cadeau.

Mais bientôt il vit, lorsque les estimations furent établies, que ce danger n'était pas à craindre : le marquis n'avait pas du tout l'intention de l'accabler de sa générosité.

En parlant d'une grosse somme, le colonel ne s'était pas fixé un chiffre déterminé, mais il avait compté largement à vue de nez; cependant celui qui lui fut demandé dépassa de plus du double ses prévisions.

L'estimation du marquis était un véritable chef-d'œuvre, qu'un commissaire-priseur eût admiré : c'était complet depuis *Haymarket*, le célèbre étalon anglais, estimé à la somme de 175,000 francs, jusqu'au balai qui servait à balayer l'écurie de ce noble animal, ledit balai et son manche estimés ensemble à la somme de 40 centimes.

Ce qui s'était fait pour *Haymarket* s'était reproduit pour tout, pour les juments, pour les *yearlings*, pour les chevaux à l'entraînement, pour le matériel du haras, pour les casaques des jockeys : rien n'avait été oublié.

Mais où le marquis s'était surpassé, c'était dans l'estimation des bénéfices éventuels.

Sans discuter, il compta au marquis la grosse somme qui avait décidé celui-ci à ce sacrifice.

— Je ne vous ai pas vendu Chalençon, dit M. de Lucillière, parce que c'est le château de mes pères; mais il est bien entendu qu'il vous appartient comme à moi et que nous le partagerons. A partir d'aujourd'hui, vous pouvez donc vous y installer quand vous voudrez. Si légalement le haras et le château font deux, en réalité ils ne font qu'un.

C'était bien ainsi que le colonel l'entendait.

Cette association établit naturellement de nouveaux liens entre la marquise et le colonel ou plus justement elle leur donna toutes les facilités qu'ils pouvaient désirer pour resserrer ceux qui existaient déjà.

XIV

Madame de Lucillière eût été veuve que le colonel n'eût pas eu plus de facilités pour la voir, à toute heure, chez elle comme partout.

Souvent même ils se seraient trouvés moins libres, gênés qu'ils auraient été par des raisons de convenance que la présence du marquis supprimait : aussi, loin de les embarrasser ou de les entraver jamais, celui-ci les servait presque toujours.

Avec cela, parfait de bonne grâce et de politesse dans les relations publiques ou intimes avec son associé ; attentif à le consulter, soigneux pour lui rendre compte de ce qu'il faisait dans leur commun intérêt.

Il est vrai que si le colonel s'était montré défiant ou même simplement rigoureux de ce côté, il eût trouvé que, dans les circonstances importantes, le marquis oubliait presque toujours de le consulter, ou même qu'après lui avoir demandé conseil, il n'agissait que d'après sa propre fantaisie, si conseils et fantaisie ne s'étaient point accordés.

Il est vrai que, d'autre part, en examinant soigneusement les comptes qu'on lui rendait, il eût pu trouver qu'ils étaient peu clairs et peu précis : ce qui était bizarre, venant d'un homme qui maniait le crayon avec tant de dextérité et qui était si habile à dresser des états estimatifs.

Si le marquis avait eu pendant un moment des soupçons, il les avait bien vite perdus, pour revenir à la tranquille indifférence au point de vue de la jalousie qui semblait faire le fonds de son caractère; on ne pouvait pas souhaiter un mari qui fût moins mari que celui-là. C'était à croire qu'il n'avait une femme que pour l'accabler des témoignages publics de sa déférence ou plus justement de sa galanterie, en restreignant ce mot au sens que la vieille société française lui avait donné, c'est-à-dire à la politesse dans les paroles et à l'empressement dans les manières.

Cependant, malgré cette facilité à se voir librement et cette sécurité, le colonel n'était pas pleinement heureux.

Car ce que madame de Lucillière était, avant qu'il l'aimât et qu'elle l'aimât elle-même, elle l'était toujours.

Rien n'avait été changé ni dans sa conduite ni dans ses manières.

Elle n'avait nullement congédié ses fidèles : lord Fergusson, Serkis-Pacha, le duc de Mestosa, le prince Seratoff, se montraient aussi assidus près d'elle, aussi attentifs à lui plaire que par le passé, et à côté de ces intimes, que le colonel était sûr de rencontrer partout devant lui, se pressait une foule de courtisans, vieux, jeunes, beaux, laids, dont il ignorait souvent le nom, mais qui tous paraissaient être au mieux avec sa chère Henriette et étaient accueillis, à peu de chose près, comme elle l'accueillait lui-même.

Au temps de sa vingtième année, il avait eu pour maîtresse une comédienne française d'un des théâtres de la

Nouvelle-Orléans, et ç'avait été pour lui une véritable souffrance, une profonde répulsion, presque du dégoût que la liberté et la camaraderie qui sont le fond des mœurs du théâtre.

Quelle fut sa surprise, et en même temps quel fut son chagrin, de retrouver dans les mœurs du monde de la marquise, quelque chose qui, jusqu'à un certain point, se rapprochait de la liberté et de la camaraderie de la bohème théâtrale.

En quoi Césarine, la comédienne, se laissant tutoyer et embrasser par tous les hommes de son théâtre, était-elle plus choquante que madame la marquise de Lucillière, une des reines du *high-life* parisien, accueillant gaiement tout ce qu'on lui disait, souriant à tout et à tous, ne baissant ou ne détournant les yeux devant aucun regard, se laissant prendre la main par tous les hommes de son monde et l'abandonnant tout le temps qu'on trouvait plaisir à la presser ou même à la tapoter à petits coups, comme cela arrivait parfois avec quelque vieux galantin qui lui parlait, penché sur elle, les yeux allumés, les narines dilatées, la frôlant des genoux et des bras.

Encore la différence des milieux donnait-elle à la comédienne des excuses que la marquise n'avait pas.

Rien ne pouvait être plus pénible pour le colonel que cette liberté mondaine, qui faisait de madame de Lucillière la camarade encore plus que l'amie de presque tous les hommes de son intimité; car ce qu'il aimait, ce qu'il estimait par-dessus tout chez la femme, c'était la délicatesse, la retenue, encore même qu'elle allât jusqu'à la froideur, le trop de ce côté lui étant moins désagréable que l'excès contraire.

Or madame de Lucillière, qui était très richement douée de toutes sortes de qualités charmantes et séduisantes, était absolument dépourvue de celles-là, à ce point que pour elle c'étaient des défauts.

— La retenue ! bon pour les petites filles ; et encore n'avait-elle jamais brillé par là, même au couvent.

Son charme au contraire, sa séduction sur beaucoup de ceux qui l'approchaient c'était l'art précisément de tout dire et de tout entendre. Personne comme elle pour engager et soutenir une conversation légère à demi-mot, avec des sourires, des silences, des réticences et des sous-entendus qui étaient la provocation même. Les propos salés ne l'effarouchaient pas ; dits avec esprit, elle les écoutait sans baisser les yeux, en riait franchement, et, quand elle les racontait elle-même, elle savait si bien les accommoder qu'ils devenaient un vrai régal. Près d'elle on restait l'esprit tendu, agréablement chatouillé. De là une provocation continuelle. Et ce qu'il y avait de particulier dans cette provocation, toute-puissante sur certaines imaginations, c'était qu'elle agissait surtout par le contraste : ainsi c'était en public, dans une fête, en grande toilette de soirée, sous cent paires d'yeux qui la regardaient, qu'elle risquait ses propos les plus vifs, de même qu'elle écoutait les choses les plus scabreuses ; à l'église aussi, avec les courtisans qui l'accompagnaient ou qui déposaient longuement leur offrande dans sa bourse, elle avait adopté une façon de s'exprimer qui, pour être moins épicée, ne manquait pas cependant de hardiesse et de fantaisie. Combien de déclarations, qu'elle n'eût pas voulu écouter une minute, chez elle, porte close et en tête à tête, avaient été entendues jusqu'au bout avec un sourire dans les yeux et sur les lèvres, uniquement par cette raison qu'elles lui avaient été adressées par des gens qui, la connaissant bien, avaient procédé avec elle hardiment et dans des conditions où cela l'amusait.

De ces différences de goût et de caractère, résultaient naturellement bien des causes de division, qui, entre un amant moins épris et une maîtresse d'humeur moins facile, eussent amené fatalement, et dans un temps assez court, des querelles, des luttes, des brouilles, et finalement une séparation.

Entre eux, elles n'amenaient que des discussions qui pour se maintenir toujours dans les limites de la modération, n'en étaient pas moins douloureuses pour le colonel.

Comme il était l'homme le moins querelleur du monde et, d'autre part, comme la marquise ne prenait jamais les choses par le côté tragique, il arrivait presque toujours qu'ils évitaient ces occasions de discussion ; cependant malgré tout, il arrivait aussi qu'elles surgissaient parfois d'une façon inopinée, qui ne leur laissait pas le temps de la réflexion, et qu'ils étaient invinciblement entraînés là où ni l'un ni l'autre n'aurait voulu aller.

Ainsi, qu'il se fût fait une joie d'accompagner madame de Lucillière quelque part, et que tout à coup, au moment où il se croyait sûr de quelques heures d'intimité, surgît un des fidèles ordinaires, lord Fergusson, le duc de Mestosa, ou un autre qui venait se jeter en tiers entre eux et rompre leur tête-à-tête, sans qu'elle en parût fâchée, alors il n'était pas toujours maître de cacher son mécontentement ou de contenir les mouvements de colère qui le soulevaient.

Il abandonnait le plus souvent la place au nouveau venu et, allant se mettre à l'écart, il regardait sa « chère Henriette » écouter gracieusement les propos de l'importun, rire de ce qu'il lui disait, lui répondre, s'appuyer sur son bras. Que disaient-ils ? pourquoi ces silences ?

D'autres fois, au contraire, il restait près d'elle et, lui serrant le bras contre le sien, il maintenait obstinément son droit ; alors, se mêlant à l'entretien, il le dirigeait de telle sorte que c'était le nouveau venu qui était obligé de se retirer.

— Êtes-vous content ? demandait-elle.

— Content de rester seul avec vous ? Oui, je le suis.

— Content d'avoir montré bien ostensiblement que vous êtes mon amant. Pourquoi ne le criez-vous pas sur les toits ? ce serait plus simple.

— Ce n'est pas là ce que j'ai voulu, vous le savez bien.

— Alors pourquoi, ne le voulant pas, l'avez-vous fait ?

— Dois-je vous céder à tous ?

— Voyez vous-même comme vos paroles trahissent bien vos véritables pensées : « me céder ! » Vous avez donc sur moi des droits de propriété que vous tenez à faire valoir et à défendre, quoi qu'il puisse arriver ; « à tous ! » je puis donc être pour d'autres ce que je suis pour vous ?

— Je vous en prie, ne dénaturez pas plus mes paroles que mes intentions ; je n'ai pas voulu dire ce que vous expliquez ainsi, pas plus que je n'ai voulu faire ce que vous me reprochez. J'étais près de vous, heureux de sentir votre bras sur le mien ; je n'ai pas voulu céder la place à un importun : voilà tout.

— Ah ! voilà tout. Alors pourquoi ces paroles hautaines et presque insolentes dans l'entretien auquel vous avez pris part ? Pourquoi ces réponses tranchantes, ces regards furieux ?

— Parce qu'il y a autour de vous des gens dont la présence assidue est un outrage pour notre amour, et que je ne peux pas les voir vous approcher sans perdre le sang-froid et la raison.

— Ah ! la jalousie.

— Eh bien, oui, je suis jaloux !

— Jaloux de tout le monde. Bien que ce soit un sentiment que je ne connaisse pas, il me semble que je le comprendrais jusqu'à un certain point si je vous voyais jaloux d'une personne déterminée, mais de dix, mais de vingt ?

A qui me voyez-vous témoigner une préférence marquée parmi ces gens dont la présence assidue auprès de moi est un outrage pour votre amour? Si un sourire, si une parole aimable, si une plaisanterie sont des souffrances pour vous, il ne fallait pas aimer une femme du monde; il fallait rester en Huronie, Huron que vous êtes; ou bien il fallait enlever une femme sauvage et vous établir avec elle dans une île déserte que vous auriez achetée. Encore auriez-vous trouvé moyen d'être jaloux de votre ombre ou des sourires qu'elle aurait donnés à son miroir, si vous aviez permis l'introduction dans votre royaume de cet engin pernicieux. Mais vous êtes à Paris et je ne suis pas une femme sauvage.

— Vous plaisantez.

— Voyons, sérieusement, mon cher Édouard, qui vous gêne particulièrement parmi ceux que vous appelez des « gens assidus? » Est-ce Serkis-Pacha? Allons, regardez-moi, et dites sans rire que c'est de ce bon Turc d'opéra-comique que vous êtes jaloux.

Alors elle faisait la charge de Serkis-Pacha; puis ensuite celle de lord Fergusson, remarquable surtout par sa superbe carnation de homard cuit; celle du prince Seratoff, si agréable à regarder lorsqu'il se balançait avec la gentillesse d'un ours blanc; celle du duc de Mestosa, tournant continuellement comme une toupie allemande avec un ronflement charmant.

Et c'était si bien la caricature de ces originaux, elle était si drôle en balançant lentement la tête, comme le prince Seratoff, ou en tournant et en soufflant, comme le duc de Mestosa, qu'il n'y avait mécontentement ni colère qui pussent tenir contre ces singeries.

Comment être jaloux de gens qu'elle rendait si parfaitement ridicules et dont elle était la première à rire? se moque-t-on de ceux qu'on aime?

— Allons, c'est fini, n'est-ce pas? disait-elle en saisissant le sourire qu'elle épiait. Ne nous occupons donc pas des autres, quand nous ne devons penser qu'à nous-mêmes.

— Eh bien! ne parlons que de nous, je le veux; mais alors laissez-moi vous dire que ce n'est point en donnant à tous votre vie comme vous le faites, à vos amis aussi bien qu'aux indifférents, qu'on peut être heureux ou rendre heureux celui qu'on aime. Je ne sais pas encore, bien que je la cherche depuis que je vous aime, quelle idée, quelle conception vous vous êtes faites de la vie et du bonheur; mais il est certain néanmoins que nos sentiments ne sont pas conformes sur ce sujet. Pour moi, le bonheur ne résulte point de mille petites émotions agréables qui s'ajoutent l'une à l'autre; mais d'une émotion unique, aussi grande, aussi intense que possible.

— Ce qui veut dire ?

— J'admets parfaitement votre interruption, car je sens moi-même que j'exprime fort mal ce que pourtant je comprends fort bien. Je veux dire que si je vais serrer la main des vingt plus jolies femmes qui sont ici, cela me laissera à peu près insensible, tandis que si j'effleure seulement la vôtre, cela me causera une émotion profonde qui arrêtera les battements de mon cœur ou les précipitera. D'où provient cette différence? D'une seule chose : ces femmes ne me sont rien, tandis que vous m'êtes tout; c'est par vous que je vis; c'est pour vous; je n'ai qu'une pensée, vous; je ramène tout à un seul but, vous; je n'ai qu'un désir, vous. Enfin, pour moi, il n'y a qu'une femme au monde, vous; qu'une chose à faire, vous aimer; qu'un bonheur enviable, celui que vous donnez; qu'un malheur possible, celui qui vient de vous. Ah! chère Henriette, si vous sentiez ainsi, vous verriez la différence qu'il y a entre ma façon de comprendre le bonheur et la vôtre, et vous ne me demanderiez pas ce que je veux dire quand je parle de l'intensité de la sensation.

Alors elle le regarda longuement; puis, se haussant jusqu'à son oreille qu'elle effleura de ses lèvres :

— Mais c'est ainsi que je t'aime, dit-elle.

— Non, Henriette. Vous m'aimez, je n'en doute pas, mais non comme je vous aime; car alors il n'y aurait qu'une chose en ce monde pour vous, notre amour; comme il n'y aurait qu'un homme, moi.

— Oui, toujours l'île déserte et la femme sauvage.

Pour lui, il était d'une entière bonne foi en parlant ainsi, et cette doctrine de l'exclusivité, de l'intensité dans la sensation, comme il disait, il la pratiquait d'une façon absolue : il était à elle tout entier et rien qu'à elle.

XV

Partant de cette idée qu'il devait être tout entier à la marquise, comme il l'était en réalité, sans distraction et sans arrière-pensée, le colonel avait interrompu presque complètement toutes relations avec son oncle Antoine, et par conséquent, avec Thérèse.

Sans doute cela lui était pénible, et d'un autre côté, après l'empressement qu'il avait mis à nouer ces relations au moment de son arrivée à Paris, il était assez étrange que, sans raisons apparentes, il voulût les rompre tout à coup; mais il n'y avait pas à s'arrêter à ces considérations, d'autres plus impérieuses lui faisant une loi d'agir ainsi.

Il ne pouvait pas passer les jours de la semaine auprès de madame de Lucillière et le dimanche auprès de Thérèse, allant de l'une à l'autre, courant chez celle-ci en sortant de chez celle-là : il fallait choisir, et, ce choix s'étant fait de lui-même à son insu, presque involontairement, le confirmer maintenant.

Il le devait :

Pour lui d'abord, par délicatesse et loyauté envers la marquise.

Puis pour Thérèse, car les paroles de madame de Lucillière, qui avaient si pleinement répondu à son propre sentiment, lui étaient souvent revenues à la pensée : « Que serait-il arrivé si Thérèse s'était éprise d'amour pour lui ? Qu'arriverait-il maintenant qu'il ne pouvait qu'être insensible à cet amour ? » Sans s'imaginer qu'il était irrésistible et qu'il devait fatalement porter le trouble dans le cœur de celles qu'il approchait, il n'était nullement insensé d'admettre que Thérèse pouvait se laisser attirer vers lui, alors surtout qu'ils vivraient dans une intimité plus ou moins étroite : elle avait des dispositions au romanesque, et, avec son cœur tendre, les choses pouvaient aller vite. Il ne fallait donc pas que cette intimité s'établît, et celle qui avait existé jusqu'à ce jour devait être interrompue. Rien n'indiquait que Thérèse eût encore subi cette influence ; il fallait, pendant qu'il était temps, se placer dans des conditions où elle ne pourrait pas se développer.

Enfin, pour Antoine même, il y avait jusqu'à un certain point avantage à le voir moins souvent.

Les révélations du juge d'instruction avaient porté un coup terrible à ce malheureux père : son fils était-il coupable d'avoir voulu faire assassiner le colonel ! C'était la question qui hantait son esprit et qui, le jour comme la nuit, se dressait à chaque instant devant ses yeux. On pouvait dire sans exagération qu'il n'avait pas d'autre pensée, et que pour lui tout tournait autour de cette terrible interrogation. Abandonnant presque entièrement les études et les occupations qui avaient été le but constant de sa vie, il s'était jeté à corps perdu dans son travail manuel, et jamais, même au temps de sa jeunesse, il n'avait abattu autant de besogne : il semblait qu'il voulût se fatiguer, s'épuiser, et se mettre ainsi dans l'impossibilité de réfléchir à autre chose qu'à ce qu'il faisait. Mais cette terrible interrogation revenait toujours s'imposer à lui, et toutes les fois qu'il voyait son neveu, c'était pour l'interroger à ce sujet.

— Où en était l'instruction ? La complicité d'Anatole était-elle prouvée ?

— Ni sa complicité ni son innocence, l'instruction était arrêtée. L'assassin étant mort, la justice était restée fort embarrassée ; il lui aurait fallu mettre la main sur les complices, et c'était précisément ce qu'elle n'avait pas pu faire. Avant tout, il aurait même fallu trouver ses complices, et c'était ce qu'elle n'avait pas découvert. Des soupçons, des inductions, voilà tout ; rien de positif, pas un fait matériel qui pût servir de point de départ à une accusation fondée. La lettre sur laquelle M. Le Méhauté avait échafaudé tout son système, en prenant qu'elle n'était point écrite par cette femme nommée Adélaïde, qui l'avait signée, mais qu'elle était du *Fourrier* ; cette lettre qui, jusqu'à un certain point, était une charge contre Anatole, avait perdu presque toute sa valeur, car on avait reconnu, en consultant le dossier du *Fourrier*, que l'écriture du célèbre brigand n'était pas du tout la même que celle de la lettre, les experts en écritures étaient unanimes sur ce point. Quant au *Fourrier* lui-même, qu'on eût pu peut-être faire parler en l'interrogeant habilement, on ne l'avait pas trouvé : la police s'était déclarée impuissante, et, pour sauvegarder sa position, elle allait même jusqu'à soutenir que si elle ne trouvait pas le *Fourrier*, c'était par cette excellente raison qu'il n'était certainement pas à Paris et très probablement pas en France. Bien entendu, M. Le Méhauté n'admettait pas cette explication : pour lui, le *Fourrier* était à Paris, et c'était lui qui avait conçu et arrangé l'assassinat du colonel au profit d'Anatole, son complice. Mais c'était là une conviction morale, l'entêtement d'un homme qui a chaussé une idée et qui ne veut pas l'abandonner. En réalité, rien, absolument rien de matériel, qui vînt montrer que la main d'Anatole avait pu se trouver dans cet assassinat. Il fallait donc reconnaître qu'il était innocent; car ce n'est pas la culpabilité qui se présume, c'est l'innocence : il est absurde de soutenir qu'un héritier est nécessairement un assassin.

Cependant Antoine ne s'en était pas tenu à ces réponses de son neveu, et chaque fois qu'il l'avait vu, il l'avait pressé de questions à ce sujet.

Si, de son côté, le juge d'instruction cherchait la certitude de la culpabilité, le père, du sien, cherchait la certitude de l'innocence : ils étaient aussi obstinés l'un que l'autre. A tous deux il fallait une preuve quand même, et cette preuve précisément paraissait impossible à obtenir aussi bien pour celui-ci que pour celui-là.

Mais leur situation n'était pas la même, ce qui était dépit chez le juge, était douleur et désespoir chez le père.

Tout ce qui pouvait apporter un aliment à cette douleur devait donc être sévèrement écarté, et par là il était bon qu'Antoine ne vît pas trop souvent son neveu, car tout le temps qu'ils passaient ensemble, il l'employait à parler de ce triste sujet, le tournant et le retournant dans tous les sens, et sortant toujours de ces entretiens plus anxieux et plus tourmenté que lorsqu'il les avait abordés.

Rien n'est plus doux assurément que de trouver de bonnes raisons pour justifier un acte douteux.

Bien que le colonel n'eût aucune hypocrisie dans le caractère, il fut heureux de se prouver par le raisonnement que toutes sortes de bonnes raisons existaient pour l'empêcher de continuer des relations suivies avec son oncle aussi bien qu'avec Thérèse; elles furent sa justification. Il le fallait; la nécessité, l'intérêt l'exigeaient : grands mots dont on se paye trop souvent dans les moments difficiles et quand la conscience ne se sent pas tranquille.

Cependant, avant de rompre, il voulut les réunir tous auprès de lui : puisqu'il s'installait à Paris, c'était bien le moins qu'il les invitât une fois chez lui.

Ce fut peu de temps après la fête donnée pour l'entrée en possession de son hôtel qu'il eut l'idée de cette invitation.

Bien entendu, il la communiqua à madame de Lucillière, car il ne faisait rien sans la consulter, et surtout sans être bien certain qu'en prenant un arrangement, il ne perdait pas une occasion de la voir : tout dans sa vie était subordonné à cette condition, pour lui déterminante.

La marquise voulut bien approuver cette idée, évidemment c'était un devoir à remplir envers ses parents.

— Seulement ne soyez pas trop aimable avec la petite cousine, dit-elle.

Comme il voulait se défendre :

— Bien entendu, ce n'est pas pour moi que je parle, ajouta-t-elle ; c'est pour elle. Rappelez-vous ce que je vous ai dit à Chalençon lorsqu'elle voulait se faire votre garde-malade ; il ne faut pas qu'elle s'éprenne pour vous d'une passion malheureuse, car elle serait malheureuse, n'est-ce pas? Elle est sentimentale, la pauvre enfant, et, si je ne me trompe pas, il est probable qu'en cette vie elle sera victime de son cœur. Vous qui êtes plein de droiture et de loyauté, évitez-vous le remords de faire couler les larmes de ses jolis yeux ; ne l'empêchez pas d'épouser un brave homme qui la rendra heureuse.

Il ne répondit rien à ses conseils, qui s'accordaient si bien avec ses inspirations, car il ne lui convenait pas d'avouer à madame de Lucillière que comme elle il craignait que des relations trop suivies avec Thérèse ne fussent fâcheuses pour celle-ci. Pour justifier ces craintes, il eût dû entrer dans des explications qu'il ne voulait pas donner, et cela autant par respect pour lui-même que pour Thérèse.

Si les circonstances avaient été encore ce qu'elles étaient au moment où le colonel prenait plaisir à emmener Thérèse aux courses du bois de Boulogne, peut-être n'eût-il pas compris Michel dans son invitation ; mais, après les changements qui s'étaient faits dans ses sentiments et surtout dans ses intentions, il insista beaucoup pour que le jeune sculpteur accompagnât ses amis, et il se fâcha presque du refus de celui-ci.

— Pourquoi M. Michel ne veut-il pas venir dîner chez moi ? demanda-t-il à Thérèse.

— Je n'en sais rien.

— Ses raisons ne sont que des défaites, il est évident que mon invitation lui est désagréable.

— Cela peut être. Michel n'est pas votre parent.

— Denizot non plus n'est pas mon parent, et il se fait une fête de venir dîner chez moi.

— Denizot ne doute de rien, il est partout à son aise ; Michel a plus de fierté.

Le colonel avait voulu que cette réunion fût tout à fait intime, et, avec son oncle et sa cousine, il n'avait invité que Sorieul et Denizot.

Cependant, d'un autre côté, puisqu'il les invitait pour leur faire connaître son hôtel, il avait voulu que le dîner qu'il leur offrait fût servi avec le même luxe que s'il recevait les amis de madame de Lucillière.

En cela il n'obéissait pas à la pensée vaniteuse d'un parvenu qui veut étonner les gens, — car les étonnements de Sorieul ou de Denizot, n'étaient pas pour flatter beaucoup son orgueil, — mais il voulait se donner le plaisir de leur révéler des jouissances pour eux inconnues.

L'hôtel était illuminé du haut en bas, toutes les pièces étaient pleines de fleurs nouvelles, et la table était dressé pour cinq convives comme elle l'aurait été pour cinquante, au moins avec le même apparat.

— Est-ce que c'est tous les jours ainsi chez vous, mon neveu? demanda Antoine, s'arrêtant émerveillé au milieu du premier salon.

— Je suis entré aux Tuileries en 1848, s'écria Donizot; parole d'honneur! c'était moins chic.

Thérèse ne dit rien, mais elle resta les yeux mi-clos, les narines dilatées, les bras à moitié étendus, éblouie par l'éclat des lumières, enivrée par le parfum des fleurs, émue par cette révélation d'un bien-être et d'un luxe qu'elle ne soupçonnait pas.

Pour Sorieul, il ne montra ni étonnemen ni admiration; mais cassant une fleur de gardenia dans une jardinière, il la passa dans la boutonnière de son habit noir, et, s'installant commodément dans un fauteuil, la jambe droite jetée sur le genou gauche, de manière à tenir son pied dans sa main, il entama tout de suite l'entretien par quelques compliments dont les adjectifs étaient choisis avec soin.

Pendant le dîner, il fit, bien entendu, tous les frais de la conversation, et, tandis que Denizot éprouvait un véritable embarras devant les nombreux verres placés devant lui et, pour simplifier les choses, tendait toujours son grand verre à tous les vins qu'on lui offrait, Sorieul ne se gênait pas pour parler au maître d'hôtel en l'appelant tout simplement « mon garçon. »

Ce dîner fut pour ainsi dire un dîner d'adieu, à peu près comme si, à la veille de son départ pour l'Amérique, le colonel avait réuni pour une dernière fois ses parents; car, bien qu'il restât à Paris, il ne les vit guère plus que s'il y avait eu l'Atlantique entre eux; encore est-il certain que s'ils avaient été séparés par les mers, il aurait écrit à son oncle et à sa cousine, tandis qu'à deux pas il ne leur écrivait point.

Qu'il ne pensât pas à eux, que son souvenir ne le portât pas quelquefois auprès de Thérèse, dans sa petite chambre ou bien sur les bords de la Marne : cela ne serait pas exact à dire. Souvent, au contraire, la petite cousine s'imposait brusquement à lui, et dans un éclair il la voyait comme si elle avait été devant ses yeux ; mais enfin il ne les visitait que rarement et jamais il ne leur écrivait.

Il y avait plusieurs semaines, plusieurs mois même qu'il ne les avait vus, lorsqu'un jour Antoine lui écrivit un mot pour le prévenir qu'il viendrait déjeuner avec lui le lendemain matin.

« Si demain ne vous convient pas, disait Antoine, en terminant sa lettre, je vous prie de me fixer le jour où vous serez libre, car j'ai absolument besoin de vous voir pour vous demander un service. »

Il s'empressa de répondre qu'il serait à la disposition de son oncle.

Antoine arriva à l'heure dite.

Et tout de suite le colonel voulut l'interroger.

— Déjeunerons-nous avec tout le luxe de valets que vous nous avez montré dans votre dîner ? demanda Antoine.

— Nous déjeunerons en tête-à-tête, si vous le voulez, répondit le colonel.

— Eh bien ! alors nous parlerons de l'affaire qui m'amène en déjeunant.

Le colonel donna des ordres en conséquence, et bientôt ils s'assirent en face l'un de l'autre devant la table servie.

— Peut-être vous êtes vous douté de ce que je voulais vous dire ? commença Antoine. C'est de Thérèse que je veux vous parler. De son mariage.

— Thérèse se marie ?

— Non, Thérèse ne se marie pas, continua Antoine.

Il respira.

— Mais je voudrais qu'elle se mariât, et c'est pour cela que je suis venu vous demander votre appui.

— Mon appui, à moi?

— A vous, mon neveu, notre parent, notre ami, à elle comme à moi. J'approche de la soixantaine, continua Antoine, mais quoique j'aie rudement travaillé dans ma vie, quoique j'aie aussi traversé des moments difficiles, j'étais, il y a quelques mois, plein de forces encore et je n'avais jamais eu l'idée que je pouvais mourir. Depuis malheureusement il s'est passé une chose qui m'a éprouvé et qui m'a fait sentir que je n'étais pas plus solide qu'un autre.

— Malgré le chagrin que vous avez pressenti, interrompit le colonel, vous êtes vigoureux, mon oncle, tel, en apparence, que vous étiez lorsque je vous ai vu pour la première fois.

— Je ne dis pas que je dois mourir demain, mais que cela peut arriver, et que cette pensée que je n'avais pas, je l'ai maintenant; et cela suffit pour qu'il soit sage de prendre ses précautions. De plus, ce n'est pas seulement de maladie que je peux mourir. Je ne sais pas si, depuis que vous êtes en France, vous avez pu vous rendre compte de notre situation politique; mais la vérité est que, malgré son apparence de prospérité, l'Empire est fini. Il se tient encore debout, mais il est ruiné, pourri; il ne peut durer longtemps maintenant. Un jour ou l'autre, l'occasion de l'abattre peut se présenter. Ce jour-là, il faudra que ceux qui ont la foi dans le cœur ne s'épargnent pas, car il y a une telle indifférence générale, on s'est si bien déshabitué de toute initiative et de toute énergie, on s'est si bien laissé corrompre, que la masse sera difficile à entraîner. Vous savez ce qui revient le plus souvent à ceux qui se mettent en avant : une balle ou un coup de baïonnette. Cette perspective n'est certainement pas pour m'arrêter; mais, tout en faisant son devoir, c'est un soutien de penser qu'on peut mourir pour son idée, sans nuire, à ceux qu'on aime ; ce n'est pas être infidèle à sa patrie que de s'occuper de sa famille. Je serai plus tranquille, si je sais que derrière moi le sort de Thérèse est assuré, et qu'elle ne reste pas seule.

— Seule ? interrompit le colonel, que ce mot atteignit.

— Oh ! ce n'est pas en pensant à la misère que je parle, continua Antoine ; je sais que vous lui viendriez en aide. Mais ce n'est pas uniquement la misère qui est à craindre pour une jeune fille de l'âge de Thérèse, qui reste sans père ni mère. C'est pour parer à ces dangers que j'ai pensé à la marier, afin de lui donner un soutien qui pût me remplacer si je venais à lui manquer. Elle n'est plus une enfant, et quoiqu'elle soit bien jeune encore, elle est cependant d'âge à se marier. Avec cela, bonne petite fille, douce, facile à vivre, droite de caractère et toute pleine de qualités pour devenir une excellente femme. Cela, je puis le dire, car je la connais mieux que personne.

— Vous lui rendez justice.

— Je le pense. Mais ces qualités qui sont en elle la rendent précisément difficile à marier dans notre position, car il est bien certain qu'elle ne peut pas épouser le premier venu, et sous peine d'être malheureuse, un homme qui ne soit pas digne d'elle. Par bonheur, cet homme je l'avais sous la main, et je pense que vous ne serez pas surpris si je vous dis que c'est Michel.

Le colonel ne fut pas surpris, cependant il eut une contraction qui fut remarquée d'Antoine.

— Si vous croyez que Michel n'est pas digne de Thérèse, c'est que vous le jugez seulement sur l'apparence, qui a pu vous déplaire et justement, j'en conviens, car il s'est montré bien sauvage avec vous ; mais au fond, je vous affirme qu'il vaut Thérèse ; et que pour moi je n'aurais pas souhaité un autre fils que lui : c'est tout dire en un mot. Mon parti arrêté, j'eus une explication avec Michel, et franchement je le prévins de mon projet. Je ne m'étais pas trompé dans certaines remarques qui m'avaient frappé: Michel aime Thérèse. Quoi de plus naturel? Ils ont été élevés ensemble, elle a grandi près de lui, il a appris à la connaître, il l'a aimée. Il me l'avoua avec une franchise égale à celle que je mettais à le consulter. Il était l'homme le plus heureux de la terre. Cependant quand je lui dis qu'il pouvait adresser sa demande à Thérèse, cette joie tomba, et il me pria de la consulter moi-même avant tout. « Communiquez-lui votre projet, me dit-il, et si Thérèse s'y montre favorable, je lui parlerai; je serais trop malheureux si elle me disait elle-même qu'elle ne m'aime point. Si elle me refuse, je veux qu'il me soit possible de rester pour elle ce que je suis en ce moment : son frère, et non un amoureux dédaigné, un mari refusé. » Il y avait du bon dans ce que demandait Michel. Je parlai donc à Thérèse de mon projet, sans lui dire que j'en avais fait part à Michel; mais je n'eus pas avec elle le même succès, elle me refusa, et tout ce que je fis pour la décider fut inutile.

— Et que vous dit-elle pour expliquer ce refus? demanda le colonel.

— Qu'elle ne veut pas se marier.

Le colonel hésita un moment, puis enfin il risqua la question qu'il avait sur les lèvres.

— Et... aime-t-elle quelqu'un?

— Je n'en sais rien, et c'est précisément pour le savoir que je m'adresse à vous, pour que vous l'interrogiez, pour que vous la fassiez parler.

— Moi?

— Vous. Elle a confiance en vous; pour vous elle a de l'estime, de l'amitié, comme elle n'en a jamais eu pour personne. Après moi, vous êtes à ses yeux le chef de la famille; si elle parle, ce sera à vous et non à un autre. Elle a une amitié pour vous qui lui déliera les lèvres certainement, si elles peuvent être déliées. Croiriez-vous qu'elle lit maintenant les journaux pour savoir si vos chevaux de course ont gagné, car elle a su que vous étiez l'associé de M. le marquis de Lucillière ? Comme nous parlons souvent de vous entre nous, elle nous tient au courant de ce que vous faites. Il paraît qu'elle a ces renseignements par un journal appelé le *Sport*. Comment est-elle arrivée à savoir qu'il y a un journal appelé le *Sport* et à le lire, je n'en sais rien, mais tout est possible pour les curieuses. Cependant ce n'est pas tant la curiosité qui la guide que l'intérêt et l'amitié. Voilà pourquoi je vous parle de ce détail. C'est pour vous montrer quelle influence vous pouvez avoir sur elle. C'est à cette influence que je fais appel, mon cher neveu. J'espère que vous ne me refuserez pas votre concours. Vous pouvez beaucoup pour ma tranquillité, et vous qui, mieux que personne, savez quel est mon chagrin, vous voudrez m'aider à me rassurer, au moins de ce côté. Pour cet entretien il faudrait que vous fussiez assurés de la tranquillité du tête-à-tête ; car Thérèse ne parlera, ne se livrera que si elle est certaine de n'être pas entendue. Voulez-vous venir dimanche dîner avec nous au *Moulin flottant* ? Je m'arrangerai pour être seul avec Thérèse ; et dès lors vous pourrez vous entretenir librement.

C'était là un arrangement qui n'était pas du goût du colonel, mais que cependant il accepta, ne sachant trop quelles raisons donner pour le refuser.

Il subissait les ennuis des situations fausses, qui presque toujours nous entraînent à faire ce qui justement nous contrarie le plus vivement.

— Alors c'est entendu, dit-il, à dimanche ; je vous rejoindrai sur les bords de la Marne.

— Soyez assuré que vous pouvez plaider la cause de Michel en toute conscience, c'est un brave cœur et un honnête homme ; avec lui Thérèse sera heureuse. Si je la quitte, je saurai que j'ai mis son bonheur en bonnes mains ; si je reste, j'aurai la satisfaction de la voir heureuse près de moi, sous mes yeux, car notre vie ne sera pas changée, et nous continuerons d'être ce que nous sommes maintenant, tous ensemble, plus étroitement unis seulement.

Il fallut que le colonel demandât son congé à madame de Lucillière : car un dimanche, jour de courses à Longchamps, elle eût trouvé mauvais qu'il ne fût pas auprès d'elle, non pas qu'elle dût être à lui exclusivement, mais elle tenait à l'avoir à ses côtés, dans sa cour.

— Et où allez-vous dimanche ? demanda-t-elle.

— Passer la journée, sur les bords de la Marne avec ma petite cousine.

— Vraiment ? Voilà les goûts champêtres qui vous envahissent, cher ami : symptôme grave, savez-vous ?

Elle le plaisanta avec plus de malignité qu'elle n'en mettait ordinairement dans ses railleries.

Mais quand il lui eut expliqué les raisons qui l'avaient obligé à accepter la mission que son oncle lui avait imposée, elle l'approuva fort.

— Je ne regrette qu'une chose, dit-elle en riant, c'est de ne pas vous voir dans votre rôle de confesseur. Mais je ne vous donne votre congé qu'à une condition : vous me raconterez ce qui sera arrivé, même si vous ne réussissez pas, ce qui est probable.

— Et pourquoi est-ce probable ?

— Je ne sais pas, un pressentiment ; enfin vous me direz le résultat.

— Le résultat, oui ; mais non la confession.

— C'est entendu, homme austère et discret.

Le dimanche, il partit pour les bords de la Marne.

Et, comme la première fois qu'il avait été à Gournay, il prit le chemin de fer jusqu'à la station de Chelles.

En se retrouvant sur les bords de la rivière, l'aspect

des arbres et des champs lui rappela qu'il y avait juste un an qu'il était venu là, cherchant, comme en ce moment, son oncle et Thérèse. C'était la même verdure grise du printemps, le même ciel pâle, le même temps douteux, sans froid et sans chaleur.

Instinctivement ses yeux coururent sur la rivière, cherchant le martin-pêcheur qui alors l'avait ébloui en rasant les eaux de son vol rapide; mais le martin-pêcheur n'était pas là, ce rayon lumineux s'était éteint, et il ne le retrouvait que dans son souvenir.

Que de choses s'étaient passées dans cette année ! En lui que de changements !

Ce n'était plus pour savoir si Thérèse pouvait l'aimer qu'il venait, c'était pour tâcher d'apprendre si elle pouvait en aimer un autre.

L'année précédente, il aurait été peiné de découvrir en elle un sentiment tendre pour Michel; maintenant il devait être heureux de l'existence de ce sentiment.

Madame de Lucillière avait paru, et, dans le tourbillon qu'elle avait créé autour de lui, tout avait été emporté, entraîné irrésistiblement.

A mesure qu'il avançait en suivant la berge, il retrouvait tout dans l'état même où il l'avait vu pour la première fois : la rivière avec ses longues herbes entraînées et tordues par le courant, les arbres avec leurs feuilles nouvelles, les champs avec leurs prairies ou leurs blés qui commençaient à verdir; le moulin était toujours à sa même place, avec son toit moussu et sa roue immobile aux palettes verdies.

Au pied du tremble où il avait aperçu son oncle, il le vit de nouveau, le bras étendu sur la rivière, tenant une ligne et allant lentement de droite et de gauche pour suivre le bouchon que le courant entraînait.

— Vous êtes exact, dit Antoine en serrant la main de son neveu; je vous remercie d'être venu. Vous trouverez

Thérèse dans l'oseraie. Je crois que vous pourrez la faire parler, car elle me paraît aujourd'hui dans des dispositions mélancoliques qui doivent disposer à l'épanchement. Voulez-vous la voir? Vous allez la surprendre, car je ne lui ai pas dit que vous deviez venir.

Se dirigeant vers l'oseraie, le colonel se demanda pourquoi Thérèse était mélancolique; mais il n'eut pas le temps d'examiner cette question, car, en approchant des osiers, il aperçut accrochée à une branche, une robe grise avec un petit chapeau de feutre, et il fut tout surpris de sentir son cœur battre plus vite.

Il n'eut pas comme la première fois à chercher un passage pour pénétrer dans l'oseraie, et, s'avançant doucement en écartant les branches avec précaution, il aperçut Thérèse assise sur le gazon.

Elle était vêtue d'un corsage blanc à manches qui lui montait jusqu'au cou et d'un jupon court qui laissait voir ses pieds chaussés de souliers.

C'était exactement ainsi qu'elle lui était apparue l'année précédente : mais, comme l'année précédente, elle n'était plus entourée de fleurs, d'herbes et de roseaux arrangés en gerbes et en bouquets. Sur le gazon, à portée de sa main, se trouvait un livre fermé qui disait qu'elle venait de lire, et dans ses doigts elle tenait une grande marguerite dont lentement et un à un elle effeuillait les pétales blancs.

Elle arrivait au dernier.

— Pas du tout! dit-elle à mi-voix.

Il fit un pas en avant.

Elle tourna la tête vers lui en levant les yeux.

— Ah! mon cousin, s'écria-t-elle. Ainsi c'est votre habitude de surprendre les gens? C'est de cette façon mystérieuse, à pas de chat, que vous m'êtes arrivé sur le dos l'année dernière.

— Vous vous souvenez donc de l'année dernière?

Elle le regarda, sans répondre, en posant sur lui ses grands yeux étonnés.

— Moi aussi, je m'en souviens, dit-il, et en marchant le long de la rivière je pensais que chaque chose était dans le même état, comme si nous étions au lendemain du jour où je suis venu ici pour la première fois. C'est en vous regardant tout à l'heure que j'ai remarqué le premier changement qui m'ait frappé.

— En moi?

— Non en vous, mais autour de vous. Où donc sont toutes les fleurs que, l'année dernière, vous réunissiez pour les emporter à Paris?

— Je n'emporte plus de fleurs.

— Vous ne les aimez plus?

— Mon travail en ce moment, dit-elle sans répondre à cette question directe, est changé; depuis deux mois, je fais des figures grecques et j'en ai encore pour longtemps.

— Vos distractions sont aussi changées, il me semble : vous avez remplacé les fleurs par les livres.

— Lire, dormir, je voudrais que toute ma vie tînt dans ces deux mots.

— Vous avez des chagrins, ma chère petite cousine?

Elle s'était levée; une fois encore, elle évita de répondre.

— Voulez-vous que nous nous promenions sur la rive? dit-elle.

Pendant assez longtemps, ils marchèrent côte à côte sans parler.

Il était embarrassé pour commencer l'entretien, et chaque minute qui s'écoulait rendait son embarras plus pénible. Que dire? Il fallait cependant qu'il parlât.

— Je vous demandais tout à l'heure, dit-il enfin, si vous aviez des chagrins.

— Et je ne vous ai pas répondu? Quels chagrins voulez-vous que j'aie en dehors de ceux que vous connaissez ? c'est ce que je vous demande à mon tour, mon cousin.

— Croyez bien que ce n'est pas la simple curiosité qui me fait parler, et que je ne reviens pas sur un sujet qui vous paraît pénible pour la seule satisfaction de vous interroger.

— Il me semble cependant que vous aimez beaucoup interroger. Vous rappelez-vous tout ce que vous m'avez demandé, à cette place, l'année dernière?

— Je me rappelle aussi vos réponses, et, si vous le permettez, je voudrais continuer notre entretien de l'année dernière.

— Mais je n'ai rien à ajouter à ce que je vous ai dit alors.

Après quelques secondes de réflexion, son parti fut pris, ce fut celui de la franchise : il lui demanderait simplement ce qu'il voulait savoir et lui avouerait pourquoi il lui posait ces questions. Peut-être n'était-ce pas là un moyen bien adroit, mais en tout cas c'était le seul, à son sens, qui pût sauvegarder sa dignité : il voulait bien plaider la cause de M. Michel, mais à condition que Thérèse saurait qui l'obligeait à parler.

— Si je pose ces questions, dit-il, c'est que j'en ai été prié par votre père.

— Ah! c'est à la demande de mon père que vous êtes venu, dit-elle, et c'est elle qui vous a fait choisir ce jour?

Décidément il ne ferait que des maladresses; mais, engagé dans cette voie, il ne pouvait pas revenir en arrière.

— Votre père, ma chère cousine, est tourmenté d'un désir dont l'accomplissement apporterait un grand calme dans sa vie : il voudrait vous marier. Il m'a chargé de vous entretenir de ce projet, pensant que l'amitié que vous voulez bien me témoigner vous engagerait à ne rien me cacher des objections que vous pouviez avoir contre cette idée.

— Je n'en ai qu'une : je ne veux pas me marier.

— Vous ne voulez pas?

— Au moins présentement. Vous ne vous souvenez donc pas de ce que je vous ai dit l'année dernière? Est-ce que c'était au nom de mon père que vous m'interrogiez alors?

— Non, c'était au mien.

— Eh bien! la réponse que je vous ai faite, je vous la répète.

— Mais vous ne m'avez pas dit l'année dernière que vous ne vouliez pas vous marier; vous m'avez expliqué les raisons qui, selon vous, rendaient votre mariage difficile, voilà tout, et même, en faisant le portrait de celui que vous vouliez pour mari, vous reconnaissiez, il me semble, que vous étiez prête à accepter ce mari quand il se présenterait.

— S'est-il présenté?

— Votre père en désire un qui... me paraît réunir en lui des qualités sérieuses.

— Que vous ai-je dit à cette place même, devant ce saule, quand, me demandant si près de moi ne se trouvait pas un mari, vous m'avez nommé Michel?

— Que Michel avait à vos yeux toutes sortes de qualités; mais qu'il avait aussi un défaut, qui était d'être votre camarade.

— Les conditions dans lesquelles Michel se trouvait alors ont-elles changé?

— Non.

— Eh bien! pourquoi voulez-vous que j'aie changé moi-même. Ce que Michel était pour moi, il l'est toujours : un camarade, un ami, un frère, rien qu'un frère. Tenez, puisque vous avez abordé cet entretien, je voudrais aller jusqu'au bout et vous dire ce que je n'ai pas pu dire à mon père. Assurément je comprends les raisons qui lui font désirer mon mariage, et je vous jure que je voudrais pouvoir lui donner satisfaction. Mais est-ce ma faute si je n'aime pas celui qu'il voudrait me donner pour mari? Il a toutes les qualités, tous les mérites, je n'en disconviens pas; mais suis-je en état de sentir et d'apprécier ces mérites? Que suis-je? Une petite fille, et les qualités qu'il me faudrait pour admettre que celles de Michel doivent me donner le bonheur, ne sont sans doute pas nées encore en moi. Qui sait? elles naîtront peut-être. Je n'ai que seize ans, mon cousin : est-ce que vous croyez qu'il est bien sage de vouloir à cet âge m'imposer un mariage? Je n'aime pas Michel aujourd'hui, mais je peux l'aimer demain. Pourquoi ne pas attendre que cet amour soit né?

— Parce que votre père voudrait voir ce mariage se faire le plus tôt possible.

— Tout de suite, il ne se fera pas.

— Et... plus tard?

— Ah! plus tard... Qui peut savoir ce qui se passera plus tard?

A ce moment, un éclair attira leurs yeux sur la rivière : c'était un oiseau qui, rapide comme une flèche, l'avait traversée.

— Ah! dit-elle, le martin-pêcheur, notre martin-pêcheur de l'année dernière : vous souvenez-vous? C'est ici même que nous sommes revenus sur nos pas, pour retourner au *Moulin flottant*. Il faut en faire autant aujourd'hui. Père nous y rejoindra, et s'il nous fait attendre, pour passer le temps, vous me balancerez. Car, vous savez, personne ne balance aussi bien que vous, aussi haut, aussi fort et en même temps aussi doucement; voilà une qualité sérieuse... au moins pour une fillette de mon âge.

XVI

Le colonel voyait madame de Lucillière si facilement, si librement, qu'il était arrivé à une sécurité complète. Il n'y avait pas de raisons pour que les choses ne marchassent point toujours ainsi ou, s'il y en avait, il ne les voyait pas.

Cependant madame de Lucillière ne montrait pas une confiance aussi absolue, et souvent elle l'avertissait de se tenir sur ses gardes.

— Si jamais notre bonheur est menacé, disait-elle, ce sera assurément par votre jalousie qui vous fait commettre les imprudences et les maladresses les plus grosses; mais, après votre jalousie et à côté, il y a un autre danger dont vous ne prenez pas assez souci : c'est la jalousie des autres.

— Si les autres sont jaloux comme moi, c'est donc qu'ils ont comme moi le droit de l'être.

— Je ne parle pas de ceux-là; de ce côté, je suis tranquille. Personne, entendez-vous, personne n'a le droit d'être jaloux de mon amour pour vous. Mais il y a des gens qui sont jaloux ou plutôt qui sont envieux de l'amour que vous avez pour moi; c'est contre ceux-là que je voudrais vous mettre en défiance.

— Et qui?

— D'abord et instinctivement toutes les femmes de notre monde : les unes au point de vue personnel, comme si elles avaient éprouvé un préjudice propre; les autres au point de vue théorique, pour le principe, par cette raison qui fait que tout naturellement on se dit : « Pourquoi elle et non moi? Qu'a-t-elle donc de plus que moi, cette marquise de Lucillière? A-t-elle mes cheveux, a-telle mes yeux, a-t-elle mon esprit? » Chacun bien entendu a la conviction de sa perfection ou tout au moins d'une perfection particulière.

— Pour les femmes, c'est possible et je n'en sais rien ; mais, pour moi, je vous assure que je ne me reconnais pas des perfections telles qu'elles doivent produire ce sentiment envieux. Qu'ai-je donc qui mérite qu'on me regrette?

— Ne soyez pas trop modeste.

— Ce n'est pas modestie, c'est bonne foi. Encore si j'avais une particularité, une originalité; si j'étais seulement Horace, car vous savez que ce brave garçon marche à Paris de succès en succès. Lui qui me racontait sans cesse comment un de ses camarades, noir comme lui, s'étant permis d'embrasser une jeune Américaine, avait été enduit de poix, couvert de plumes et rôti vivant, a trouvé en France une compensation à ces cruautés dont ses frères sont victimes quelquefois de l'autre côté de l'Atlantique; il est devenu le héros, la coqueluche du demi-monde. Je ne le trouve plus maintenant que dormant ou mangeant des biftecks saignants, tant la vie qu'il mène est fatigante; contrairement à miss Wright, qui engraisse toutes les semaines, il maigrit tous les jours. Il paraît qu'on raconte de lui, dans le monde de ses triomphes, des histoires extraordinaires qui ont fait ses succès. D'indiscrétions en indiscrétions, on est arrivé à le mettre à la mode, comme Léotard; on se le dispute, on se l'arrache. Les heures sont trop courtes pour lui. Mais moi je ne suis pas noir, il n'y a pas d'histoire à raconter sur mon compte; je ne vois donc pas pourquoi l'on pourrait me regretter.

— Laissons Horace; pour vous, il me suffit de constater une chose évidente qui est l'envie. Maintenant, à côté de cette envie générale qui peut se traduire par des méchancetés ou des calomnies plus ou moins dangereuses, par des perfidies plus ou moins redoutables, il y a des regrets personnels dont nous devons, vous et moi, prendre souci : je veux parler d'Ida et de Carmelita, du baron Lazarus et du prince Mazzazoli.

— Voulez-vous me permettre de vous rappeler que c'est vous qui avez maintenu des relations suivies avec le baron et le prince, alors que moi je désirais les rompre et faisais tout pour m'éloigner d'eux ?

— Vous avez parfaitement raison, mais cela tient à un parti pris chez moi ; je ne fuis jamais ceux dont je crois avoir quelque chose à craindre, au contraire je vais au devant d'eux ; quand j'ai un ennemi en face, il me paraît beaucoup moins dangereux que si je le sens dans l'ombre sans le voir. Je suis nerveuse, vous le savez, et je me fais plus facilement peur moi-même que je n'ai peur des autres. Voilà pourquoi j'ai voulu avoir Ida et Carmelita auprès de moi : justement parce que je savais que j'avais beaucoup à craindre d'elles.

— Vous qui vous élevez si fort contre ma jalousie, ne cédez-vous pas en ceci à la même inquiétude ?

— Nullement. Ce qui vous tourmente, ce sont les sentiments que je peux ressentir moi-même ; ce qui me préoccupe, moi, ce sont ceux qu'on éprouve pour vous. Je ne suis pas inquiète de vous, je le suis des autres, et je le suis d'autant plus que ces autres ont vu leurs projets contrariés par notre liaison. Ont-ils renoncé à ces projets ? L'un voulait vous faire épouser sa fille, l'autre voulait vous donner sa nièce pour femme. Et ils avaient de bonnes raisons pour cela. Le baron Lazarus a entrepris des affaires considérables qui peuvent aussi bien échouer qu'elles peuvent réussir ; demain il peut être une grande puissance, ce soir il peut tout aussi bien être un homme à la mer. S'il avait pour gendre un homme dans votre position de fortune, son crédit serait sauvé. Vous devez comdrendre qu'il a vivement souhaité ce mariage quand il vous a vu débarquer à Paris et tomber chez lui comme si vous lui étiez amené par la main de la Providence. Quant au prince Mazzazoli, sa situation n'est pas la même : il n'a pas entrepris de nombreuses affaires, comme le baron ; il n'en poursuit qu'une, le mariage de sa nièce. Mais celle-là, il faut qu'elle réussisse ou il n'a qu'à aller cacher sa ruine dans les montagnes de l'Ombrie. Carmelita a été élevée, préparée, entraînée pour faire un grand mariage, exactement comme vous entraînez un cheval spécialement en vue de gagner un grand prix. Si ce mariage ne se réalise pas, le prince, sa sœur et sa nièce, ne sont pas des gens à la mer ; ce sont des gens dans la boue. Faugerolles n'habille Carmelita qu'en vue de ce mariage ; la comtesse fait dire des messes, tous les jours, à Saint-Philippe du Roule, pour sa réussite. S'il ne réussit pas, les créanciers, lassés, s'abattent chez eux.

— Pauvres gens !

— Vous êtes arrivé comme le Messie longtemps attendu ; vous avez été troublé par la beauté de Carmelita, qui évidemment a produit sur vous une profonde impression. J'en sais quelque chose, je l'ai vu. On a donc pu croire le mariage en bon chemin, et cette espérance a été si loin qu'on s'est lancé dans des dépenses qui étaient la réserve ; cette réserve engagée, il n'y avait plus que la ruine et la défaite. Tout à coup, vous vous êtes arrêté ou plutôt, ce qui est bien plus grave, vous vous êtes tourné d'un autre côté. Pensez-vous que le baron et le prince, que Carmelita et Ida, soient animés pour moi de sentiments bien tendres ?

— Vous les traitez en amis.

— Pensez-vous qu'une rupture arrivant entre nous leur serait désagréable ? Pensez-vous enfin que le prince et le baron soient des gens incapables de travailler à cette rupture et d'y travailler habilement ? Notez encore qu'ils ne manqueraient pas d'aides dans cette besogne, ni d'alliés, et défiez-vous, je vous prie, de la bonhomie allemande du baron aussi bien que de l'astuce italienne du prince : elles sont également à craindre. Tout ce qu'ils pourront faire pour nous séparer, soyez assuré qu'ils le feront et que tous les moyens leur seront bons.

Le colonel n'avait pas tardé à reconnaître le bien-fondé de ces craintes et la justesse de ces pressentiments.

Chaque fois que le baron Lazarus pouvait le prendre en particulier, c'était pour entamer l'éloge de la marquise, mais un éloge enthousiaste, hyperbolique.

A l'entendre, on aurait pu croire que c'était lui qui était l'amant de madame de Lucillière, tandis que le colonel n'était qu'un confident aux oreilles complaisantes.

— Quelle femme charmante que la marquise ! quelle fée !

Bien qu'Allemand, le baron connaissait toutes les finesses de la langue française et savait les employer.

Après la fée bienfaisante, était venue la dangereuse en chanteresse : puis la sirène.

Quel malheur que le monde parisien fût vraiment méchant ! Délicieuse ville que Paris ; mais quelle corruption, surtout quelle propension fâcheuse à la médisance et même à la calomnie ! Ainsi ne disait-on pas que la marquise de Lucillière...

Arrivé là, le baron avait été arrêté net par le colonel, et de telle sorte qu'il lui avait été impossible d'ajouter un seul mot.

Alors le baron s'était tourné d'un autre côté : le colonel ne voulait pas apprendre la vérité sur sa maîtresse, le mari serait bien forcé de l'entendre sur sa femme.

Qu'importerait que ce fût le colonel qui se fâchât avec madame de Lucillière, ou bien que ce fût le marquis de Lucillière qui se fâchât avec le colonel ?

Le baron savait que le colonel voyait chaque jour madame de Lucillière chez elle. Mais que se passait-il entre eux lorsque les portes étaient closes ? cela était bien difficile à découvrir.

Il avait tâché de l'apprendre, pendant un séjour à Chalençon, en achetant Sophie, la femme de chambre de la marquise, qui devait en savoir long.

Mais Sophie, qui gagnait à se taire chaque jour beaucoup plus qu'on ne lui aurait donné pour parler une fois, avait repoussé les offres du baron, et, pour son propre plaisir, pour rire un peu toute seule, elle s'était amusée à se taire d'une façon pleine de simplicité et de naïveté, digne en tout point de la proposition qui lui était adressée.

Il était bien certain que par ce moyen le baron n'arriverait à rien, et qu'il fallait en employer un autre s'il voulait découvrir quelque chose.

Ce colonel voyait-il madame de Lucillière ailleurs que chez elle ?

Cela était probable, et certains indices, recueillis un à un et groupés les uns à côté des autres, tendaient à le prouver.

Ainsi le baron avait remarqué qu'à l'Opéra, au théâtre et dans certaines soirées, madame de Lucillière se retirait de bonne heure et le colonel, qui allait partout où elle allait, se retirait toujours avant elle.

Ces deux départs n'avaient lieu ainsi séparément que lorsque le marquis n'accompagnait pas la marquise; au contraire, quand il venait avec elle, ils partaient presque toujours tous les trois ensemble.

Il y avait là une réunion de circonstances caractéristiques.

Une fois le baron essaya de suivre la marquise, qui était partie de l'Opéra après le troisième acte de l'*Africaine* : se jetant dans une voiture de remise, il dit au cocher, auquel il donna un louis, de suivre un coupé noir qu'il lui désigna.

Mais, bien que le louis eût délié les bras du cocher et

par suite les jambes du cheval, il lui fut impossible de suivre le coupé, qui filait avec une extrême rapidité, hardiment mené par un cocher habile et entraîné par deux excellents chevaux.

Au bout de deux minutes, le cocher de remise arrêta son cheval lancé au galop, et annonça tristement au baron qu'il ne voyait plus le coupé : « On n'a jamais conduit comme ça, dit-il pour s'excuser : pour sûr, c'est des voleurs. »

Le baron apprit bientôt que ces chevaux qui couraient si vite étaient un cadeau du colonel à la marquise.

Pour son service particulier, madame de Lucillière possédait deux superbes chevaux de Norfolk, qui faisaient belle figure, attelés à son clarence, pour la promenade au bois. Le colonel, qui aimait les chevaux, avait été pris de pitié pour ces belles bêtes, et, voulant leur épargner le pénible service de la nuit, il avait offert à madame de Lucillière deux chevaux moins beaux de forme, mais durs à la fatigue et insensibles aux intempéries. Au moins c'était ainsi que l'histoire était racontée, et l'on ajoutait, pour justifier ce cadeau, qu'il n'avait été qu'une sorte de remerciement adressé par le colonel au marquis lui même, pour une grosse somme que celui-ci venait de lui faire gagner.

Mais le baron n'avait pas été dupe de cette histoire arrangée à plaisir : le colonel n'avait pas eu pitié des chevaux de Norfolk, et s'il en avait donné deux nouveaux à la marquise, c'était tout simplement pour qu'elle eût deux bêtes rapides, qui lui permissent d'échapper à toute poursuite et en même temps d'arriver promptement où elle voulait aller.

Revenant au système qui lui avait si mal réussi avec Sophie, le baron voulut faire tâter le cocher. Mais celui-ci, qui était un Anglais plein de dignité, ne prit pas la chose comme la femme de chambre; se campant sur ses hanches, et portant vivement ses deux poings fermés à la hauteur de son visage, il offrit à l'intermédiaire de M. le baron de Lazarus de le boxer.

Mais le baron n'était pas homme à se décourager facilement, d'ailleurs il avait plus d'un moyen d'action à son service.

On sait que Paris, avant la guerre, était balayé par une armée d'Allemands, qui, en grande partie, habitaient de misérables garnis de la Villette, et qui les soirs partaient de là pour se répandre dans tous les quartiers de la ville. Le baron Lazarus était très connu, et, jusqu'à un certain point, populaire dans cette colonie; il s'était fait le protecteur de ces pauvres gens, et, en échange des services qu'il leur rendait, il leur demandait quelques petits renseignements, dont il avait parfois besoin ou bien il les chargeait de quelque surveillance pour eux facile.

Ce fut ainsi que, s'étant fait désigner l'escouade chargée du balayage aux alentours de l'hôtel Nessonvaux, il trouva dans cette escouade une jeune femme à laquelle il confia la mission d'examiner les voitures qui, pendant la nuit, entraient dans cet hôtel ou stationnaient devant sa porte, en notant autant que possible les heures.

Au bout de huit jours, il sut ainsi que toutes les fois que le colonel sortait d'un théâtre ou d'une soirée avant la marquise, c'était pour rentrer chez lui. Mais chose curieuse, il rentrait seul, et la porte, une fois fermée sur sa voiture, ne se rouvrait plus; le gaz s'éteignait aussitôt, et l'hôtel semblait s'endormir : plus de mouvement, plus de bruit, plus de lumière.

Ne recevait-il pas la marquise? C'était bien invraisemblable. Alors pourquoi cette coïncidence dans le départ?

Mais les Allemands ont des qualités de soin, d'exactitude et de persévérance, que les Français ne possèdent pas, et, lorsque ces qualités trouvent à s'exercer dans un sens conforme à leur goût inné pour la curiosité elles arrivent à des résultats surprenants.

Ce fut ainsi que la jeune balayeuse, après avoir constaté que la grande porte de l'hôtel Nessonvaux ne s'ouvrait plus après la rentrée du maître, découvrit qu'une petite porte percée dans l'épaisseur du mur du jardin, sur la rue de Valois, s'ouvrait vingt-cinq ou trente minutes après cette rentrée.

Un coupé noir, attelé de deux chevaux qui arrivaient à toute vitesse, s'arrêtait devant cette petite porte. Une femme encapuchonnée descendait du coupé, refermait elle-même la portière, — car il n'y avait pas de valet de pied, — disait quelques mots au cocher, qui étaient toujours les mêmes : « Dans une heure ou dans deux heures; » puis, tandis que le coupé s'éloignait avec la même rapidité qu'il était venu, la femme poussait la porte, qui s'ouvrait, comme si elle était tirée de l'intérieur, et se refermait vivement sur elle.

Ces renseignements vinrent ainsi récompenser la persévérance du baron.

Maintenant il savait quand et comment madame de Lucillière voyait le colonel.

Ils étaient entre ses mains.

XVII

Il ne s'en tint pas aux renseignements de sa balayeuse, ou tout au moins il voulut les contrôler par lui-même.

Il se rendit donc devant la petite porte qui lui avait été indiquée, non la nuit, pour attendre l'arrivée de madame de Lucillière, mais tout simplement le jour, en curieux, les mains dans ses poches, d'un air parfaitement inoffensif et indifférent.

L'aspect de cette porte était plein d'innocence. Percée dans la meulière du mur du jardin, elle paraissait du dehors ne servir à aucun usage; son bois disparaissait même sous une couche épaisse d'affiches de toutes couleurs collées les unes par-dessus les autres. Seulement, si l'on examinait de près ces affiches, on voyait qu'elles étaient déchirées au-dessous du linteau, ce qui prouvait que cette porte, en apparence abandonnée, s'ouvrait quelquefois, bien qu'on ne remarquât ni gonds ni serrure.

Après avoir constaté l'existence de la porte à l'extérieur, le baron voulut voir où elle donnait à l'intérieur de l'hôtel.

Pour cela, il n'y avait qu'à se présenter à une heure à laquelle le colonel n'était pas chez lui; l'examen alors pourrait se faire facilement et tranquillement.

Ce fut ce moyen que le baron employa.

Quand on lui eut répondu que le colonel était sorti, il annonça l'intention de l'attendre et s'installa dans un salon du rez-de-chaussée, où il avait été introduit. Mais il ne resta pas dans ce salon: ouvrant une porte vitrée qui donnait sur le jardin, il descendait dans ce jardin.

Quoi de plus naturel? Chacun savait qu'il aimait les fleurs et les oiseaux à la folie. Le chant des oiseaux, le parfum des fleurs, le murmure de la brise dans les feuilles: cela lui rappelait la patrie allemande, qu'il regrettait chaque jour avec des accents non moins poétiques que Mignon pensant au pays où fleurit l'oranger. Dans ce Paris où il vivait exilé, il n'avait pas de plus grande joie que de penser à la campagne.

Tout en écoutant les moineaux qui se querellaient dans les arbres, tout en respirant la senteur des giroflées, tout en pensant à la campagne et à la patrie allemande, il se livra à son examen.

Malheureusement il ne trouva pas ce qu'il cherchait.

En effet, depuis qu'il avait, pour la première fois, visité

le jardin de l'hôtel Nessonvaux, on avait construit dans ce jardin, le long d'un mur, une longue galerie vitrée, formant une sorte de serre, qui allait de l'hôtel à l'endroit même où devait s'ouvrir la petite porte.

Il essaya de pénétrer dans cette galerie, mais ce fut inutilement; plusieurs châssis vitrés étaient entre-bâillés, mais les portes étaient fermées intérieurement.

Au reste, une visite minutieuse n'était pas nécessaire; la façon dont cette galerie était construite et disposée suffisait pour indiquer l'usage auquel elle servait.

Ainsi au lieu de prendre le mur exposé au midi pour y adosser cette serre, on avait pris le mur exposé au nord. On avait donc voulu tout simplement mettre la petite porte en communication directe avec l'hôtel, par un passage abrité.

Pendant que le baron était occupé à chercher cette petite porte, et que, pour cela, il s'était introduit la tête par un des châssis, on lui frappa doucement sur l'épaule. Vivement il se retourna: le colonel était là.

Malgré son aplomb ordinaire, le baron resta un moment sans parole, mais il se remit néanmoins assez vite.

— J'examinais cette serre, dit-il, que vous avez fait construire en ces derniers temps, n'est-ce pas?

— Il y a quelques mois.

— Et je me demandais pourquoi vous l'aviez adossée au nord, car les serres se mettent ordinairement au soleil.

Cela fut dit avec une naïveté parfaite: c'était l'observation d'un ami des jardins, rien de plus.

Le colonel se laissa prendre à cette naïveté et le soupçon qu'il avait eu tout d'abord se dissipa.

— Cette question que je me posais, continua le baron, a été résolue par l'examen un peu attentif auquel je me suis livré. En voyant les camélias qui garnissent cette serre, j'ai compris pourquoi elle était au nord et non au midi; le camélia exige absolument l'exposition du nord, Voilà comme je suis, il me faut l'explication des choses, et, tant que je ne l'ai pas, je cherche et j'interroge. Mais c'est égal, vous m'avez fait une belle peur en me posant la main sur l'épaule. Aussi nerveux qu'une faible femme: qui croirait cela en me regardant? Alors vous aimez les camélias? Vous avez bien raison, c'est une fleur superbe que j'adore.

Comment se défier d'un homme aussi nerveux qu'une faible femme, qui adore les camélias?

Après une dissertation très longue sur cette fleur, le baron Lazarus se décida à expliquer sa visite.

Elle avait un double objet:

D'abord inviter le colonel à venir passer la journée du samedi rue du Colisée, pour fêter l'anniversaire d'Ida; ce serait une réunion intime, sans Parisiens, composée uniquement de cœurs simples, sensibles aux joies de la famille.

Ensuite il s'agissait de demander un service au colonel, une recommandation pressante pour l'Amérique.

Le baron était, en effet, grand demandeur de services, et en cela il se conduisait d'après certains principes de philosophie pratique, qui lui avaient toujours réussi. Pour lui, obliger les gens, c'était faire des ingrats, tandis qu'on pouvait au contraire se faire des amis rien qu'en demandant un service aux gens; et puis, dans le cas présent, c'était un bon moyen pour détruire les derniers soupçons du colonel, s'il en gardait encore. Il était assez naïf, ce brave colonel, avec un fond de sentiments chevaleresques tout à fait primitif; jamais il ne s'imaginerait qu'un homme qu'il obligeait pensait au même moment à le trahir.

Et de fait le colonel ne l'avait pas pensé, et cette visite, qui pour lui avait commencé d'une façon assez inquiétante, s'était au contraire terminée joyeusement : il avait eu plaisir à obliger le baron.

Comment n'être pas sensible aux témoignages de reconnaissance de ce brave homme, alors qu'il les prodiguait avec une effusion véritablement si touchante? En affaires, peut-être fallait-il se défier de lui ; mais, dans la vie privée, c'était assurément le meilleur homme du monde.

Maître du secret de madame de Lucillière et du colonel, il s'agissait pour le baron d'en tirer le meilleur parti possible, c'est-à-dire qui amenât sûrement la rupture, sans risquer de se compromettre.

Ce n'était pas un esprit aventureux que M. le baron Lazarus, il ne faisait rien à la légère, et ne se décidait à une chose qu'après l'avoir étudiée sous toutes ses faces, en pesant le pour et le contre.

Le parti auquel il s'arrêta fut tout à fait élémentaire, car il était convaincu avec juste raison que les choses les plus simples sont toujours les meilleures.

Il consistait dans l'envoi d'une ou plusieurs lettres anonymes.

Sans doute, cela était bien vieux, bien usé ; mais il n'avait aucun amour-propre d'inventeur, et en tout il ne considérait que le but qu'il poursuivait.

Cependant, tout en n'hésitant pas à employer ce moyen démodé, il le fit sien par le choix des personnes auxquelles il se proposa d'envoyer cette lettre, et dans ce choix, il y eut une certaine invention assez originale.

L'adresser au marquis de Lucillière, cela était bien vulgaire, bien grossier. D'ailleurs le marquis pouvait avoir, à l'égard des lettres anonymes, le superbe mépris de certaines personnes, et ne pas lire celle qu'il recevrait ; de plus il pouvait, l'ayant lue, n'y prêter aucune attention. Enfin il pouvait encore, croyant qu'il était seul à la connaître avec celui qui l'avait écrite, la mettre tout simplement dans sa poche, et laisser aller les choses telles qu'elles allaient.

Il fallait donc qu'aucune de ces trois hypothèses ne pût se réaliser.

Pour cela, le baron ne trouva rien de mieux que de choisir pour destinataires de cette lettre le prince Mazzazoli d'abord, et ensuite lui-même, baron Lazarus.

Arrêté à ce projet, le baron le mit aussitôt à exécution.

S'enfermant au verrou dans son cabinet, il écrivit de sa plus bel' écriture la lettre suivante :

« Une personne qui vous porte le plus vif intérêt, ainsi
» qu'à votre charmante fille, si pleine de vertus, est
» désolée de vous voir en relations intimes avec une
» femme qui n'est pas digne de la confiance que vous lui
» témoignez.

» En conséquence, elle appelle tout particulièrement
» votre attention sur la conduite de madame la marquise
» de Lucillière.

» Si vous voulez savoir quelle est cette conduite,
» prenez la peine, un de ces soirs, d'aller vous promener
» devant le mur qui ferme le jardin de M. le colonel
» Chamberlain sur la rue de Valois.

» Alors vous verrez arriver, au trot rapide de deux
» chevaux, un coupé noir. De ce coupé, descendra une
» femme enveloppée de vêtements destinés à cacher sa
» taille et son visage. Devant elle, s'ouvrira une petite
» porte percée dans le mur, et, lorsqu'elle sera entrée,
» cette porte se refermera aussitôt et le coupé s'éloignera.

» Restez une heure ou deux devant ce mur, et vous
» verrez le coupé revenir ; la petite porte s'ouvrira de
» nouveau et la femme remontera en voiture.

» Cette femme est la marquise de Lucillière, sortant
» des bras du colonel Chamberlain, son amant.

» Si vous ne pouvez pas la reconnaître, suivez le coupé,
» et vous le verrez bientôt entrer à l'hôtel de Lucillière.

» Si vous voulez savoir où donne la petite porte de la
» rue de Valois, profitez de vos relations avec M. le
» colonel Chamberlain pour vous promener dans la
» nouvelle serre ou plus justement la galerie qu'il vient de
» faire construire, et vous découvrirez, en cherchant bien,
» l'ouverture de cette porte.

» Alors vous serez au courant de tout ce manège, et le
» but que poursuit la personne qui vous écrit cette lettre
» sera atteint.

» L'ami dévoué de votre fille. »

Le baron eût trouvé facilement chez lui à faire copier cette lettre ; mais il ne rentrait pas dans son système de se confier à ceux qui, à la rigueur, pouvaient le trahir.

Mettant son brouillon dans sa poche, il s'en alla donc dans le faubourg Saint Denis, ou, aux environs de la maison de santé, il avait remarqué l'échoppe d'un écrivain public.

— Veuillez me faire deux copies de cette lettre, dit-il ; dans l'une, vous remplacerez « fille » par « nièce » : voilà les seuls changements à faire.

Puis il s'installa dans l'échoppe et attendit ; la lettre copiée en deux exemplaires, il alla chez un autre écrivain public, à côté de la barrière, et lui fit écrire simplement deux adresses ; sur l'une : « M. le prince Mazzazoli, rond-point des Champs-Élysées, » et sur l'autre : « M. le baron Lazarus, rue du Colisée. »

Alors, prenant une voiture qui passait devant la porte, il alla mettre ces deux lettres à la poste dans le faubourg Saint-Jacques.

Et, bien certain d'avoir ainsi rendu les recherches difficiles, si on en tentait, il rentra chez lui, avec la satisfaction d'avoir bien employé sa journée.

Aussi embrassa-t-il sa chère Ida tendrement, longuement en la pressant dans ses bras émus ; il était un bon père.

— Tu sais, dit-il, que nous aurons le colonel Chamberlain samedi. Sois donc un peu plus aimable avec lui ; je te trouve bien froide depuis quelque temps.

— A quoi bon être aimable pour le colonel ? Il ne voit rien ; il a toujours l'air de marcher dans son rêve, son esprit n'est jamais à ce qu'il dit.

— J'ai tout lieu de croire que cela va changer ; d'ailleurs il suffit qu'il soit notre hôte pour que tu oublies ces distractions.

Le soir même, le baron reçut la lettre qu'il avait été mettre à la poste dans le faubourg Saint-Jacques.

C'était un mercredi, jour d'Opéra de la marquise; on donnait la *Favorite*.

Le baron se rendit au théâtre, après avoir soigneusement placé sa lettre dans son portefeuille.

A huit heures et demie, le marquis et la marquise firent leur entrée dans leur loge, où, un quart d'heure après, le colonel vint leur faire une visite.

Puis il disparut, sans que le baron le revît dans la salle. A dix heures environ, le marquis sortit avec le marquise ; puis, quelques minutes après, celui-ci rentra seul dans la loge.

C'était le moment que le baron Lazarus attendait pour agir.

Il entra dans la loge, après s'être arrêté un moment devant une glace pour se faire une tête : il paraissait accablé, écrasé.

Toujours attentif aux devoirs de la politesse, le marquis de Lucillière s'empressa de lui demander ce qu'il avait : Ida était-elle malade ?

— Je ne serais pas ici, dit le baron avec un profond soupir.

— Il est ruiné, se dit le marquis, qui eut peur d'un emprunt et regarda la scène avec un intérêt subit.

Voyant que le marquis ne l'interrogeait plus, le baron recouvra la parole.

— C'est pour vous que je suis monté, dit-il en baissant la voix.

Le marquis parut ne pas entendre.

— Pour vous, continua le baron, et voilà pourquoi j'ai attendu le départ de madame la marquise; car ce que j'ai à vous dire, si toutefois je puis le dire, demande à n'être entendu de personne.

Le baron avait compté sur la curiosité de M. de Lucillière, et il avait espéré que celui-ci l'aiderait par quelques questions qui faciliteraient sa tâche; mais il n'en fut rien. M. de Lucillière demeura impassible. Il lui fallut donc continuer quand même.

— Vous savez, dit-il, l'estime que je professe pour vous et combien, en ces derniers temps, les liens d'amitié qui m'attachent à vous ainsi qu'à madame la marquise, se sont trouvés resserrés.

Cette fois, le marquis laissa paraître une certaine curiosité dans le regard qu'il attacha sur le baron: évidemment il était surpris de la tournure que prenait l'entretien. Que signifiait ce langage décousu? quelle était la cause de cette émotion?

Cependant il n'adressa pas de question au baron; mais abandonnant la scène, il se tourna entièrement de son côté.

— Si je vous parle de mon amitié, continua le baron, c'est pour vous faire comprendre combien profondément j'ai été bouleversé en recevant, il y a quelques heures, une lettre dans laquelle il était question de madame la marquise.

Ces paroles étaient adroitement arrangées pour surexciter l'intérêt de M. de Lucillière, cependant elles semblèrent provoquer un résultat contraire : les yeux du marquis, qui s'étaient allumés, s'éteignirent.

— Il s'agit de choses tellement graves dans cette lettre, poursuivit le baron, les accusations qu'elle formule sont tellement horribles, que tout d'abord, en la lisant, je me suis demandé si je devais vous la communiquer, et, depuis ce moment, j'ai changé dix fois de résolution, tantôt décidé à ne vous en rien dire, tantôt au contraire décidé à la remettre entre vos mains.

Le baron attendit un moment, pensant que M. de Lucillière allait allonger le bras pour demander cette lettre, mais le marquis ne bougea pas, sa main resta posée sur le bord de la loge, et ses yeux continuèrent de regarder dans le vague.

Il fallait continuer, et le baron commençait à se trouver assez embarrassé.

— J'ignore, dit-il, si les moralistes ont examiné la question de savoir si l'on doit ou si l'on ne doit pas communiquer à son ami une mauvaise nouvelle ou une accusation, alors même qu'on la croit fausse ; mais j'aurais bien voulu avoir leur opinion sur ce sujet. En tous cas je voudrais bien avoir la vôtre.

— Je n'en ai point.

— Supposez que vous avez reçu une lettre me concernant et contenant contre moi une accusation grave : que feriez-vous ?

Le marquis hésita quelques secondes, enfin il se décida à répondre.

— Je n'aurais rien à faire, dit-il, car je n'aurais pas été plus loin que le premier mot ; en voyant de quoi il s'agissait, j'aurais jeté la lettre au feu.

Le baron n'avait pas prévu cette réponse, qui le dérouta un moment ; mais bientôt il se remit.

— Voilà le diable, dit-il, c'est que, ne pensant pas à mal, voyant au contraire des protestations d'intérêt pour moi et pour ma chère fille, j'ai lu cette maudite lettre jusqu'au bout, et voilà comment j'ai eu connaissance des ignobles calomnies portées contre madame la marquise, qu'on accuse d'être la maîtresse du colonel Chamberlain.

Autant le baron avait mis de lenteur dans ses premières paroles, autant il débita rapidement les dernières ; en même temps, il tendit la lettre dépliée devant les yeux du marquis.

Pendant ce temps, les seigneurs de la cour du roi Alphonse chantaient le chœur du quatrième acte : *Qu'il reste seul... avec son déshonneur.*

Le visage du marquis se décolora, et ses lèvres se tordirent dans une contraction violente.

Instinctivement le baron ramena son bras gauche devant lui, comme pour s'en couvrir, tandis que le droit demeurait toujours étendu.

Enfin le marquis allongea la main et prit la lettre.

Il la lut lentement ; puis, quand il l'eut achevée, il la plia, et, la rendant au baron avec un calme parfait :

— Savez-vous où est en ce moment madame de Lucillière ? dit-il.

— Chez elle, j'en ferais le serment ; car vous pensez bien que je n'ai pas ajouté foi une seconde à ces abominations, et que...

— Non ; elle n'est pas chez elle, interrompit le marquis ; elle est chez madame de Corcy, sa mère, où je dois la reprendre en sortant du club.

— Ah ! mon ami, s'écria le baron, quelle abomination, quelle perfidie ! Mais pourquoi m'avoir écrit cette lettre, à moi.

— Parce qu'on connaissait votre profonde honnêteté, dit le marquis, et qu'on était bien certain, partant de cette connaissance, que vous la communiqueriez.

Vous pensez ?

— Assurément, et cette tactique me dit qui a écrit cette lettre ou tout au moins qui l'a fait écrire.

— Vous auriez des soupçons ? Ah ! voilà qui serait heureux.

— Mieux que des soupçons, — une certitude.

— Vraiment ?

Bien que le baron eût prononcé ce mot avec l'accent de la joie, il était cependant très anxieux.

— Cette lettre, continua le marquis, est une manœuvre possible de la part de deux de mes rivaux, probable de la part d'un que je ne veux pas nommer. On trouve que mon association avec le colonel Chamberlain rend mon écurie trop formidable, on a peur de nous, et voilà à quels moyens on descend pour rompre notre association.

— Quelle infamie !

— Je vois clair dans ce jeu et ne donnerai point à mes concurrents la satisfaction qu'ils espèrent : le colonel n'est pas seulement mon associé ; c'est encore, c'est avant tout mon ami, et je sais quelle confiance on peut avoir en lui.

Le baron paraissait accablé, et de fait il l'était.

— Vous savez, dit-il après un moment de silence, si j'aime Paris et la France ? Eh bien ! quand je vois de pareille infamies, je n'ai plus qu'une pensée : c'est de me sauver en Allemagne, où, Dieu merci ! de pareils crimes sont inconnus.

XIX

Tout n'était pas perdu d'une façon irrémédiable.

Il fallait voir maintenant si la lettre adressée au prince Mazzazoli ne produirait pas quelque effet.

Car bien certainement celui-ci ne garderait pas le silence sur cette lettre. Peut-être ne la communiquerait-il pas au marquis, — et cela était assez probable, étant donnée la prudence italienne ; — mais à coup sûr il en parlerait à d'autres.

Quel effet cette accusation, divulguée et propagée par les amis ou par les ennemis de la marquise, produirait-elle sur le marquis, lorsque cette clameur l'envelopperait ?

Il faudrait suivre cette pression de l'opinion du monde. Au besoin même, on pourrait la développer en adressant quelques nouvelles lettres à ceux qui seraient en position de s'en servir utilement : l'écrivain public du faubourg Saint-Denis était toujours dans son échoppe. Quant aux ennemies de la marquise, elles ne manquaient pas.

En attendant que cette clameur s'élevât, le baron Lazarus voulut savoir ce que le prince Mazzazoli pensait de la lettre qu'il avait reçue.

Le lendemain matin, il se rendit donc au rond-point des Champs-Élysées.

Mais la vieille Marietta ne voulut pas le recevoir, car le prince n'était pas encore levé, et à aucun prix elle n'eût consenti à réveiller son maître.

Convaincu que la Providence lui devait un dédommagement pour ses malheurs passés, et qu'il finirait par avoir son jour le prince Mazzazoli vivait dans l'attente de ce jour ; aussi se ménageait-il en conséquence. Il fallait qu'à ce moment il fût non seulement vivant, mais encore en bonne santé, en état de jouir pleinement de la bonne chance qui lui arriverait.

De là tout un système de précautions méticuleuses qu'il prenait, en vue de se ménager. Ainsi il ne donnait jamais moins de dix heures au sommeil, et la maison eût brûlé qu'il ne se fût pas levé avant que ses cheveux eussent commencé à roussir. Sorti de son lit, il se livrait à toutes sortes d'opérations hydrothérapiques ; puis il passait une nouvelle couche de teinture sur ses cheveux et sur sa barbe. Enfin il déjeunait d'une simple tasse de chocolat à l'eau, dans laquelle il trempait un petit pain d'un sou ; son seul repas solide étant le dîner, qu'il ne prenait jamais chez lui.

C'était seulement après tous ces soins, qui le menaient assez avant dans la journée, qu'il recevait ceux qui avaient affaire à lui ; car on comprend de reste qu'il ne pouvait pas se laisser voir pendant qu'il se soignait, pas plus que pendant qu'il déjeunait de son petit pain, misérablement, en faisant les morceaux menus pour qu'ils durassent plus longtemps.

Le baron, s'étant présenté trop matin, dut revenir trois heures plus tard.

Le prince étant alors complètement séché et ayant déjeuné, le reçut avec les démonstrations d'affabilité qui lui étaient habituelles.

Mais le baron avait pris une figure grave qui ne se laissa pas dérider.

— Mon cher prince, dit-il, je viens vous soumettre un cas délicat, pour lequel j'ai besoin de vos lumières et de vos conseils.

— Parlez, mon cher baron ; je suis à vous corps et âme, prêt à passer à travers le feu et l'eau pour vous obliger.

Bien qu'il fût toujours disposé à passer à travers les flammes et les vagues pour obliger ses amis, le prince, il faut le dire, ne s'était jamais mouillé qu'avec son appareil hydrothérapique, de même qu'il ne s'était jamais brûlé qu'avec son fer à friser.

— J'ai acquis, dit le baron, une certaine réputation d'habileté en affaires, et je suis trop ami de la sincérité pour ne pas avouer que, dans une certaine mesure, cette réputation est méritée ; si je ne suis pas très habile quand il s'agit de chiffres, au moins je ne suis pas trop maladroit. Mais, sortez-moi des affaires, je ne suis plus qu'un personnage lourd et embarrassé.

— Vous êtes trop modeste, mon cher baron, trop modeste en vérité.

— Non, je me connais et sais vraiment ce qui en est. Voyez-vous, je ne suis qu'un Allemand, et, pour toutes les relations du monde, pour ce qu'on peut appeler la diplomatie des salons, nous autres Allemands, nous avons la main lourde, tandis que vous autres, Italiens, vous l'avez d'une légèreté admirable. Il faut rendre à chacun ce qui lui appartient : vous avez vos qualités, comme nous avons les nôtres, et l'une d'elles précisément est pour nous de ne nous flatter jamais de folles illusions, bien différents en cela de ces pauvres diables de Français, si ridicules avec leur infatuation. C'est à cette légèreté de main que je viens faire appel dans des circonstances qui, je l'ai déjà dit, sont graves, très graves.

— Je vous écoute, mon cher ami.

— Peut-être prévoyez-vous ce qui m'amène ou tout au moins une des choses qui m'amènent, car il n'est pas du tout impossible que vous soyez dans le même cas que moi, c'est-à-dire que vous vous trouviez en ce moment dans le cas où j'étais hier et où malheureusement je ne suis plus.

Bien que ce langage fût bien incompréhensible, il avait cependant été parfaitement compris par le prince ; mais celui-ci ne jugea pas à propos de l'avouer.

— Voulez-vous me permettre de vous faire observer, dit-il, que ces paroles sont un peu obscures, au moins pour moi ?

— Oh ! je vais les expliquer, et mon intention n'est pas de rien embrouiller ou de rien dissimuler. Hier, dans l'après-midi, j'ai reçu une lettre abominable qui m'a jeté dans la consternation et l'indignation.

— Une lettre me concernant ?

— Oh ! non pas vous, mais notre ami le marquis de Lucillière ou plus justement la marquise.

— Et de qui était cette lettre ?

— De personne. C'était une lettre anonyme, écrite d'une écriture qui m'est inconnue, et portant le timbre du bureau de la rue du Cardinal-Lemoine.

— Cette lettre vous avertissait que la marquise de Lucillière voyait le colonel Chamberlain, son amant, chez lui, en pénétrant par une petite porte.

— Comment?

— J'ai reçu la même lettre.

— Alors je ne me trompais pas, tout à l'heure, en prévoyant que vous pouviez vous trouver dans le même cas que moi? C'était à cette lettre que je faisais allusion.

— Et je ne vous ai pas compris; car comment penser que cette lettre abominable, comme vous dites, avait pu être envoyée en plusieurs exemplaires et que vous en aviez reçu un?

— Voici le mien, dit le baron, tirant la lettre de sa poche.

— Et voici le mien, dit le prince en allant prendre une lettre dans un tiroir fermé à clef.

— Voulez-vous me le montrer? demanda le baron en tendant la main.

Alors le baron prit la lettre et la lut lentement, en comparant le texte avec celui de son exemplaire, puis ensuite il compara non moins lentement les deux écritures.

— C'est bien la même écriture, dit-il, le même papier, le même timbre de la poste; c'est donc la même personne qui a envoyé ces deux lettres et qui par conséquent a dû en envoyer bien d'autres. Mais quelle peut être la personne, assurément de notre monde, capable d'une pareille infamie?

— Je vous le demande, dit le prince avec une simplicité bien jouée.

— Et moi je me le demande, depuis hier, sans être arrivé à une réponse satisfaisante. J'ai bien des soupçons, mais tellement vagues que je n'oserais prononcer un nom. Mais plût à Dieu que je m'en fusse tenu là, c'est-adire à rechercher qui pouvait être coupable de cette lâcheté. Malheureusement il n'en est pas ainsi.

Dans l'indignation que me causait ce procédé infâme, il m'a semblé que je devais communiquer cette lettre au marquis.

— Vous avez fait cela? s'écria le prince.

— Je l'ai fait. Sans réfléchir, sous le coup de la colère, j'ai mis la lettre dans ma poche, et je suis allé à l'Opéra, où je savais trouver le marquis. Je suis monté dans sa loge quand la marquise a été partie et, tout simplement, tout naïvement, en ami, — car j'ai, vous le savez, la plus vive amitié pour ce cher marquis, — je lui ai mis la lettre sous les yeux.

— Et le marquis?

— Eh bien! il y a vraiment des grâces d'état. On m'eût remis cette lettre, j'aurais aussitôt couru chez le colonel, j'aurais enfoncé les portes et j'aurais tué ma femme et son amant. Mais je ne suis qu'un barbare. Le marquis, lui, est un homme civilisé, très civilisé, il a pris les choses autrement. Il a lu cette lettre froidement, posément, plus posément que je ne l'avais lue moi-même, et, me la rendant, il me dit qu'il savait qui l'avait écrite.

— Ah! il sait qui l'a écrite.

— C'est un de ses rivaux, et cette lettre, selon lui, n'a d'autre but que de le fâcher avec le colonel, de manière à rompre leur association qui devient trop formidable et qui est une cause de ruine pour ses concurrents. C'est là son explication, sa croyance, je veux dire. Quant à la marquise, il est parfaitement sûr de son innocence, et à l'heure où on l'accuse d'être chez le colonel, elle est tout simplement chez sa mère, madame de Corcy.

— Ainsi cette accusation était fausse?

— Il paraît; en tout cas, le marquis la juge fausse.

— Vous aviez tout à l'heure indiqué une nuance en disant que telle était son explication.

— Ah ! vous savez, je parle assez mal le français, et il ne faut pas voir des finesses là où bien souvent il n'y a que des fautes.

— Pensez-vous, comme le marquis, que le but de cette lettre était de fâcher le marquis et le colonel ?

— Franchement, je n'en sais rien.

— Eh bien ! moi, je crois qu'elle voulait surtout amener une rupture entre le colonel et la marquise. Seulement, elle a été maladroite. Dans ce cas, ce qu'il fallait, ce n'était pas prouver au mari que sa femme le trompait ; c'était prouver à l'amant qu'il était trompé par sa maîtresse.

Le baron réfléchit un moment comme s'il ne comprenait pas ; puis tout à coup se mettant à rire :

— C'est très italien ce que vous me dites là.

— Et parisien aussi, vous le voyez.

XX

Évidemment le colonel, saurait très mauvais gré à celui qui se serait permis d'intervenir entre sa maîtresse et lui. Si on lui prouvait que madame de Lucillière le trompait, il était à peu près certain qu'il ne ferait pas comme le marquis, il admettrait la preuve et ne remercierait pas celui qui la lui aurait apportée.

Il fallait donc laisser le baron se lancer dans cette entreprise et se tenir prudemment en position de profiter de ses maladresses et de ses coups de tête.

Avait-on jamais rien vu de plus gauche que cette démarche auprès du marquis ? Les lettres et le choix des personnes ne manquaient pas d'une certaine originalité ;

mais la démarche elle-même, combien était-elle mal combinée! Aucun art, aucune mesure. Le baron, en disant qu'il était maladroit, croyait être très fin; en réalité, il se rendait justice. Quel ours! Vraiment, ces hommes du Nord n'étaient que des barbares.

Et le prince Mazzazoli homme du Midi, civilisé, affiné, se prit à sourire silencieusement.

Il n'y avait qu'à laisser prendre les devants à ce lourdaud, et à se tenir derrière lui, prêt à profiter de ses sottises, quand il en commettrait, ou à le pousser, s'il n'en commettait point.

Au besoin on pourrait même le mettre sur la piste, et lui faire lever le gibier, qu'il n'aurait qu'à chasser à vue en donnant de sa grosse voix à pleins poumons. Ainsi l'on se ménagerait pour la curée, à laquelle, bien entendu, il n'aurait point part.

Et le prince Mazzazoli se frotta les mains : ce rôle lui convenait parfaitement et rentrait dans ses moyens aussi bien que dans ses goûts, car il aimait l'intrigue autant qu'il détestait le danger.

Non seulement cette alliance tacite serait intéressante, mais encore elle serait très probablement productive pour celui qui, à la fin de la lutte, serait assez habile pour écraser son allié et prendre sa place.

Or, cet homme habile, ce ne serait pas le baron ; ce serait lui, prince Mazzazoli. Celle que le colonel Chamberlain épouserait ne serait point Ida Lazarus, ce serait Carmelita Belmonte.

Il était temps!

Car il était à bout sinon de forces, au moins de ressources. Il avait encore du courage pour poursuivre l'exécution de son plan, mais il n'avait plus de munitions pour continuer la lutte.

La bataille contre les créanciers était terrible, et il fallait la renouveler chaque jour en déployant des prodiges de finesse et d'adresse.

Tout d'abord, il s'était lui-même bravement jeté à la mer, et tout ce qu'il avait pu faire de dettes en son propre nom, il l'avait fait.

A cela il y avait plusieurs avantages : le titre de prince éblouit toujours les fournisseurs parisiens, qui, à cet égard, sont restés d'une naïveté primitive. Il avait donc pu, grâce à son titre, s'ouvrir des crédits qui eussent été moins larges pour la comtesse Belmonte, et puis il fallait précisément ménager la comtesse comme réserve; car, lorsque le prince serait partout entièrement brûlé, la comtesse pourrait encore, et à son tour, trouver des fournisseurs peu exigeants sur la question du payement.

Pendant un certain temps, il avait pu marcher ainsi et faire marcher la maison de sa sœur et de sa nièce; il n'avait pas payé un sou; même pour un objet d'un franc, il faisait une note, et, si l'on se montrait peu disposé à ouvrir cette note, il refusait l'objet, poliment, il est vrai, en souriant, mais enfin il le refusait, et s'adressait ailleurs, sans jamais se rebuter, cherchant tant qu'il n'avait pas trouvé.

Mais, à la fin, il était venu un jour où dans ce Paris si vaste il n'avait plus trouvé que des portes fermées devant lui. Peu à peu, les créanciers, se fatiguant de ne pas entendre parler de règlement ou même d'acompte, s'étaient présentés, les uns après les autres, au rond-point des Champs-Élysées, et, en apprenant que ce prince, pour lequel ils avaient eu tant de saluts et tant de sourires, habitait chez sa sœur, au nom de laquelle était l'appartement, ils avaient compris qu'ils ne seraient jamais payés qu'en paroles aimables et en promesses.

Alors la comtesse Belmonte était à son tour entrée en chasse; mais elle n'avait pas l'aisance, l'habileté, les manières séduisantes, le parler brillant, éblouissant, du prince, son frère. Pour vingt fournisseurs faciles, qu'il avait su trouver au temps où il avait commencé à se mettre au travail, elle n'en trouvait pas deux ; encore se montraient-ils presque tout de suite exigeants.

Alors, dans cet intérieur administré par la vieille Marietta avec une économie de paysanne montagnarde, on avait encore forcé l'économie.

Le déjeuner pour quatre personnes coûtait dix sous par jour, un sou de pain et un sou de chocolat pour le prince sa sœur et Marietta ; deux sous de pain et deux sous de chocolat pour Carmelita, qu'il importait de ne pas laisser maigrir. Quand on ne dînait pas en ville, on mangeait des pâtisseries sèches, des fruits confits, des confiseries que le prince et la comtesse mettaient dans leurs poches, quand ils pouvaient faire main basse sur un buffet dans une maison où ils avaient passé la soirée. D'ailleurs, dans ces maisons, chacun d'eux mangeait sérieusement, à fond, en gens qui ne savent pas s'ils mangeront le lendemain, et, parmi ses mérites les mieux appréciés, le prince possédait celui d'être ce qu'on appelait autrefois « une belle fourchette. » Dans les maisons qui tiennent encore à honneur de donner chère fine à leurs invités, il était un convive charmant, mangeant beaucoup et mangeant bien, avec des paroles ou des sourires d'approbation qui partaient du cœur.

Mais la dépense de la table, chez la comtesse Belmonte, était la petite affaire ; la grande, la capitale, c'était celle de la toilette et de la représentation. C'étaient les lingères, les modistes, les couturières, le costumier, pour les deux femmes ; c'était la location de la voiture et celle de l'appartement, ces deux dernières devant être régulièrement payés sous peine de mort immédiate.

Jusque-là, on avait pu arriver à les payer ; mais elles avaient englouti, les unes après les autres, les principales pièces du musée du prince, qui maintenant était réduit à rien. Comment irait-on, lorsqu'il n'en resterait plus une seule ? et, question non moins grave, où irait-on.

Il avait si bien conscience de sa situation désespérée, que ne voyant pas venir le mari sur lequel il avait compté, il avait fait donner des leçons de chant à sa nièce.

En apparence ces leçons n'avaient pour but que de compléter l'éducation musicale de Carmelita, commencée par lui. Mais en réalité elles ne tendaient à rien moins qu'à la préparer au théâtre. Sans doute la chute était terrible ; mais encore le théâtre valait-il mieux que l'hôpital. Si elle n'avait pas le talent, elle aurait la beauté, et de plus elle aurait ce prestige que donne la naissance.

Bien qu'il comptât beaucoup plus sur ces deux moyens de succès que sur le talent, il n'avait pas voulu cependant que le jour où il faudrait aller débuter à la *Scala* ou à la *Fenice*, elle fût exposée aux sifflets, et c'était pour les lui éviter qu'il la faisait travailler chaque jour avec un de ses compatriotes, nommé Lorenzo Beio, qui était un professeur de mérite.

Bien entendu il n'avait pas été question de payement entre le prince et le professeur. Cependant les leçons de celui-ci n'étaient pas gratuites : si Carmelita se mariait, comme le prince l'espérait, elles seraient alors largement payées ; si, au contraire, le mariage ne se faisait pas, Carmelita entrerait au théâtre, elle accorderait à son professeur une remise proportionnelle à ses appointements.

C'était donc sérieusement qu'elle travaillait sous la direction de Lorenzo Beio, durement, avec ennui, mais aussi avec cette résignation placide qu'elle apportait à tout dans la vie : son professeur absent, elle ne faisait rien de ce qui lui était imposé ; présent, elle se pliait à tout ce qu'il exigeait, et s'il voulait prolonger la leçon, ce qui arrivait souvent, elle ne se révoltait point.

Telle était leur situation, quand le baron Lazarus était

venu communiquer sa lettre au prince, — si complètement désespérée, que Lorenzo Beio, qui ne désirait pas le mariage de son élève, mais qui, au contraire, voulait son entrée au théâtre, s'occupait d'un engagement à la *Porgolesa*.

Cette lettre et cette visite donnèrent des forces nouvelles au prince et lui rendirent le courage : tout n'était pas perdu il n'y avait qu'à attendre.

En reprenant son sourire des beaux jours, son amabilité, ses manières aisées et affables, sa familiarité protectrice, il recommença quelques tentatives auprès des fournisseurs les moins exaspérés.

Il ne venait pas leur faire une commande nouvelle, mais seulement leur donner l'assurance qu'ils seraient prochainement payés, très prochainement; ce n'était plus une affaire que de quelques jours; le mariage de sa nièce était décidé; un mariage superbe, splendide, digne en un mot de la beauté et de la naissance de mademoiselle Belmonte.

Si le fournisseur restait calme et froid en apprenant cette grande nouvelle, et répondait simplement :

— C'est bien.

Le prince n'insistait pas et après avoir salué avec une noble dignité il s'en allait ailleurs recommencer cette histoire, d'un visage joyeux.

Mais, si ce nouveau créancier laissait paraître un sourire dans ses yeux, s'il lui échappait un seul mot :

— Ah! vraiment?

Le prince aussitôt entrait dans des détails circonstanciés sur le futur mari de Carmelita, ne cachant que son nom, mais se répandant en renseignements précis sur sa fortune, et le résultat de ces confidences presque amicales était une nouvelle commande s'ajoutant à la vieille note déjà si longue.

Grâce à ces moyens, la vie devint moins difficile pour

eux, et la main de la misère qui les étranglait se desserra un peu : on put renouveler le linge élimé jusqu'à la corde ; en engageant au mont-de-piété quelques unes des fournitures nouvelles, on put même se procurer de l'argent sonnant.

Mais il fallait ménager ces ressources, cette fois bien décidément les dernières ; il fallait se hâter.

Ou plutôt il fallait que le baron Lazarus se hâtât.

XXI

Malgré sa vie occupée, madame de Lucillière trouvait le temps d'ajouter assez souvent une chanson nouvelle à son répertoire déjà si varié, et, si elle n'avait pas encore écrit une opérette, ce qui était sa grande ambition, elle espérait pouvoir le faire bientôt ; déjà elle avait trois ou quatre sujets en train, et plusieurs compositeurs plus ou moins titrés comptaient sur son poème.

En attendant, elle avait, en ces derniers temps, écrit une chansonnette ayant pour titre : *Le Serpent qui a avalé sa couverture*, dont ses intimes parlaient avec des éloges tels, qu'ils eussent suffi pour contenter les exigences d'un pianiste ou d'un ténor.

— Vous savez que la marquise a fait une chanson nouvelle : *Le Serpent qui a avalé sa couverture ?*

— Eh bien ?

— Elle me l'a chantée ; parole d'honneur ! c'est renversant.

— Vraiment ?

— On n'a jamais rien fait de plus drôle ; mais il faut l'entendre chanter elle-même.

— Et de qui la musique ?

— Du prince de Kranitz ; on est enchanté en haut lieu

de cette collaboration, on y voit comme un gage d'alliance.

— Quelle plaisanterie !

— Pas du tout ; la marquise de Lucillière a été félicitée à ce sujet.

— Pour le *Serpent qui a avalé sa couverture ?*

— Pour l'influence qu'elle exerce sur le prince de Kranitz.

— Enfin on ne peut pas l'entendre, cette histoire du serpent ?

— Il faut la demander à la marquise elle-même, car elle n'en a donné de copie à personne.

— Je la lui demanderai.

Lorsque madame de Lucillière trouva que la curiosité était suffisamment surexcitée, elle promit à ses intimes de les réunir un jour à Chalençon pour la première audition du *Serpent.*

Mais, comme il ne lui convenait pas de faire elle-même tous les frais de cette fête et de donner à elle seule un véritable concert, elle invita, pour la suppléer, une chanteuse du Midi qu'on était en train d'inventer pour l'opposer à Thérésa.

Pendant longtemps, madame de Lucillière avait été fanatique de l'interprète de la *Femme à barbe* et du *Sapeur*, et presque tous les soirs on la voyait dans les coulisses de l'Alcazar, où elle venait féliciter la célèbre chanteuse ; elle lui avait même demandé des leçons. Ce n'était pas de l'admiration, c'était de l'engouement. Elle ne parlait que de Thérésa ; c'était une passion.

Mais d'autres femmes de son monde ayant été encore plus loin qu'elle dans cette fantaisie, elle était revenue en arrière.

— Thérésa n'était peut-être pas ce qu'on avait cru tout d'abord, et puis elle était toujours Thérésa.

Et chez elle la réaction avait été d'autant plus forte

que, parmi celles qui montraient le plus d'enthousiasme pour Thérésa, se trouvait une grande dame fort à la mode, avec laquelle madame de Lucillière avait été autrefois intime, et qui était maintenant son ennemie.

Aussi avait-elle saisi avec bonheur l'occasion de se mettre en opposition ouverte avec cette ancienne amie, en donnant son appui à cette chanteuse nouvelle, qui arrivait de Toulouse, pleine de confiance et portée par le succès.

C'était une femme jeune encore, qui se faisait appeler Rosa Calazans. Elle était de grande taille, large d'épaules, avec un visage énergique, qui semblait fait pour exprimer les passions violentes, sans aucunes grâces maniérées, mais vraiment beau de lignes simples : un nez droit, un front superbe, avec des sourcils épais ombrageant des yeux profonds, qui jetaient des flammes quand ils s'agitaient, et languissants au repos. En tout, une belle fille, mais d'une beauté singulière et étrange qui vous transportait loin du monde parisien.

Au moment où le prince Mazzazoli cherchait des moyens pratiques et sûrs d'arriver au but qu'il entrevoyait, il reçut de la marquise, pour lui, pour la comtesse Belmonte et pour Carmelita, une invitation d'aller passer quelques jours à Chalençon, pour entendre Rosa Calazans.

La marquise avait choisi pour sa réunion le jour de la fête de Chalençon, et c'était au son du mirliton que ses invités avaient fait leur entrée au château ; quelques chevaux même avaient été effrayés par un tir au pigeon établi devant la loge du concierge.

Bien que le château fût vaste et disposé pour de grandes réceptions, le nombre des invités était tel, qu'on avait dû dresser deux tables, l'une dans la salle à manger, et l'autre dans le vestibule décoré de plantes et d'arbustes à feuillage ornemental.

Ces invités comprenaient, non seulement les fidèles de

la marquise : le colonel Chamberlain, Serkis-Pacha, le prince Seratoff, le duc de Mestosa, lord Fergusson, le prince de Kranitz, l'auteur de la musique du *Serpent*, le baron Lazarus et sa fille, mais encore un grand nombre d'amis et d'amies de madame de Lucillière, qui étaient venus à Chalençon directement de Longchamps, et qui devaient retourner le soir même à Paris ou dans leurs châteaux des environs, la Celle, Saint-Cloud, Saint-Germain, Marly, Versailles.

Le dîner fut ce qu'étaient tous les dîners du marquis, exquis de chère, parfait de service, et madame de Lucillière tint sa place à table comme si, au lieu de chanter le soir, elle devait tranquillement s'installer dans un bon fauteuil. Mais il n'était pas dans son caractère de se ménager ou de s'inquiéter.

Elle était si bien sûre d'elle-même, qu'aussitôt qu'on fut passé dans le salon, elle fit asseoir le prince de Kranitz au piano.

Et tout de suite elle chanta une de ses chansons, qui avait eu un grand succès : *Une femme à la mer;* car elle ne voulait pas que sa protégée eût à subir l'inattention de convives qui dégustaient encore leur café; puis, après celle-là, et avant que les applaudissements eussent cessé, elle en chanta une autre.

Alors seulement elle céda la place à Rosa Calazans. Le moment était favorable, chacun s'était installé à son gré : les femmes dans le salon, les hommes dans le billard et sur la terrasse du jardin, d'où, grâce aux fenêtres ouvertes, ils voyaient et entendaient aussi bien que s'ils eussent été dans le salon.

Mais on écouta à peine la chanteuse; on était venu pour le *Serpent*, et c'était le *Serpent*, qu'on voulait.

Ceux qui daignèrent lui prêter quelques secondes d'attention trouvèrent qu'elle manquait de « chien. »

— Quelle différence avec la marquise !

— Vous allez voir le couplet du « bastringue », comme elle le dit.

Et l'on attendait le couplet du « bastringue » et aussi celui du « caboulot. »

Pendant ce temps, Rosa Calazans chantait, glacée par l'indifférence qui l'accueillait, n'étant soutenue que par les applaudissements de la marquise et par les paroles encourageantes du prince de Kranitz, qui l'accompagnait.

Enfin elle arriva au bout de sa chanson, elle vit quelques mains gantées se lever en l'air pour la claquer doucement.

Puis tout de suite un murmure emplit le salon, et l'on entendit les voix crier :

— Le *Serpent!* le *Serpent!*

Madame de Lucillière voulait parcourir le salon pour envoyer quelques-uns de ses fidèles complimenter la chanteuse, mais on l'entoura et on l'amena presque de force devant le piano.

Déjà le prince de Kranitz avait préludé.

Elle mit les deux mains sur son cœur et adressa un long sourire à ses invités.

A qui ce sourire était-il particulièrement envoyé? Ce fut ce que le prince Mazzazoli, bien placé pour observer, tâcha de découvrir, mais sans y réussir. Tout d'abord il avait été chercher le colonel Chamberlain, puis du colonel il avait passé au prince Seratoff, puis au duc de Mestosa, puis à Serkis-Pacha, puis à lord Fergusson, pour revenir enfin au prince de Kranitz, qui restait les mains posées sur le piano et les yeux levés vers la marquise.

— Pas de jaloux ou tous jaloux.

Alors elle commença.

LE SERPENT

QUI A AVALÉ SA COUVERTURE

I

Un serpent se dit un jour :
« Si j'mangeais ma couverture,
Cet acte contre nature,
Ferait du bruit à la cour.
Là d'sus c't'animal cocasse,
Se dépêch' de l'avaler.
Ça lui faisait bien une masse,
Mais il pouvait respirer,
 Ce serpent,
 Ce serpent,
 Avait la panse
 Très dense ;
 Ce serpent,
 Ce serpent,
Etait vraiment trop gourmand.

Un tonnerre d'applaudissements accueillit ce premier couplet, dominés seulement par quelques exclamations arrachées par l'enthousiasme.

— C'est très drôle.

En tout cas, ce qu'il y avait de vraiment drôle, de vraiment renversant, c'était le contraste qui existait entre la chanteuse et la chanson. Comment croire que cette femme si pleine de distinction était l'auteur de cette extravagance.

I

Après ce repas hardi,
Le serpent se met en route,
Pour aller casser une croûte,
Chez madam' de... Riquiqui,

On lui sert une poularde ;
Et pour mieux la digérer,
Il absorb' tout' la moutarde,
Y compris le moutardier.
  Ce serpent,
  Ce serpent,
 Fit une imprudence
  Immense,
  Ce serpent,
  Ce serpent
Etait vraiment trop imprudent.

Madame de Lucillière ne donna pas le temps aux applaudissements de se produire ; tout de suite elle reprit :

III

Un vieux duc très distingué,
— Ça n'était pas le duc d'en face, —
Lui dit : « V'nez donc que j'vous fasse
Voir un caboulot soigné. »
L'autre accepte l'ouverture,
Mais au fond ça l'en...nuyait.
Il sentait la couverture
Qui tout douc'ment remontait.
  Ce serpent,
  Ce serpent,
 Avait des transes
  Intenses ;
  Ce serpent,
  Ce serpent
Etait vraiment bien souffrant.

Cette fois, il fallut qu'elle s'arrêtât, car il s'était élevé dans le salon, dans le jardin et dans le billard, un murmure approbateur qui couvrait les accords du piano. On applaudissait de la main et de la voix, sans cette retenue, sans cette restriction que les gens du monde apportent ordinairement à la manifestation de leurs sentiments.

Le prince de Kranitz frappa fortement la ritournelle, et le silence s'établit.

IV

Au bastringue, on lui fait d'l'œil
Car il avait des bank-notes ;
I valse avec les cocottes
A s'fair' descendre au cercueil.
Mais dans la grande aventure,
Comme il allait s'embarquer,
V'la-t-il pas la couverture
Qui, couic ! vient tout arrêter.
    Quel tableau,
    Quel tableau !
La convenance
    S'offense.
    Quel tableau,
    Quel tableau !
Vraiment ça n'était pas beau.

Tandis que quelques femmes croyaient devoir se cacher derrière leur éventail pour ne pas voir le tableau, les hommes trépignaient d'enthousiasme. Des fleurs arrachées aux corbeilles et aux plates-bandes du jardin furent lancées à la chanteuse et vinrent tomber autour d'elle et sur son collaborateur.

On cria *bis*, mais elle ne se rendit pas à cette exigence.

V

La moral' de tout ceci,
C'est qu'en fait de couverture,
A deux, pendant la froidure,
Dessous on est bien... blotti.
Quant au malheureux reptile,
Dont l'cœur fit tic tac, tic tac,
I'ne va plus dîner en ville,
Vu ses grands maux d'estomac.
    Ce serpent,
    Se repent ;

> A la pénitence
> Il pense.
> Ce serpent,
> Ce serpent
> Se sauve en se rrepentant.

Ce *serr pentant*, roulant à l'infini sur des r, fut le bouquet de ce feu d'artifice. On s'était levé, quelques hommes avaient escaladé les fenêtres, et tout le monde entourait madame de Lucillière, la complimentant, l'applaudissant, lui serrant les mains. C'était mieux qu'un succès : c'était un triomphe pour le poète, aussi bien que pour le compositeur et la chanteuse.

Pendant un quart d'heure, on n'entendit que des exclamations d'enthousiasme.

Mais, après le premier enivrement du succès, madame de Lucillière se rappela Rosa Calazans.

Prenant le bras du prince de Kranitz, elle alla trouver celle-ci dans le petit salon où elle était seule, sans que personne s'occupât d'elle, triste et sombre dans un coin :

— Je viens vous chercher, dit-elle ; à vous maintenant.

— Non, madame ; restons-en là, je vous prie.

— Pas du tout ; je n'y consentirai jamais. Il faut que ceux qui vont sortir d'ici, ce soir, répètent votre nom et parlent de vous. Voyons, que dites-vous le mieux ? Quel a été votre grand succès ? Avec quoi avez-vous produit le plus d'effet en public, et dans le particulier ?

— Avec la *Marseillaise*.

— Ah ! voilà qui serait drôle.

— Je ne peux pas chanter la *Marseillaise* chez vous.

— Le fait est... Et pourquoi pas au surplus ? Vous allez chanter la *Marseillaise*, et je crois que nous allons voir de drôles de tête. Allons ! vite, venez.

Sans laisser de temps de la réflexion à la chanteuse, elle la prit par la main et l'entraîna dans le salon.

Cette idée de faire chanter la *Marseillaise* chez elle lui

paraissait en ce moment tout ce qu'il y avait de plus drôlatique au monde. La *Marseillaise* après le *Serpent qui a avalé sa couverture*, quel contraste cocasse ! Si elle avait eu le temps, elle aurait envoyé chercher les chantres de la paroisse pour leur faire chanter le *Dies iræ*, et ensuite elle aurait terminé le concert en chantant elle-même : *Oh là, là, que c'est drôle!* une de ses chansons les plus salées. Mais il fallait se contenter de la *Marseillaise*, et c'était déjà quelque chose.

Se plaçant devant le piano dans l'attitude d'un régisseur qui parle au public, elle leva la main pour imposer silence.

— Je vous demande votre attention pour mademoiselle Rosa Calazans, dit-elle, qui va nous dire un morceau dont le choix a été arrêté entre nous.

Le prince de Kranitz s'était assis au piano. Aux premiers accords, une sorte de frisson courut dans le salon ; mais, comme on crut à une plaisanterie ou à une parodie, on se mit à rire.

Mais ce n'était point une plaisanterie, Rosa Calazans avait commencé :

Allons, enfants de la patrie,
Le jour de gloire est arrivé.

Suivant le conseil de madame de Lucillière, elle s'était jetée intrépidement au feu, donnant toute son âme, toute sa passion.

— Comment! ce n'était pas une plaisanterie ! c'était sérieusement qu'on chantait cette abomination !

Avant qu'elle eût achevé le premier couplet, on vit M. de Lucillière, qui était au fond du salon, s'avancer en écartant précipitamment les groupes qui gênaient son passage.

Madame de Lucillière s'était assise sur un tabouret auprès du piano; il vint à elle le visage enflammé.

— Eh quoi ! madame... dit-il.

— Comment ! vous ne la trouvez pas drôle ! s'écria-t-elle en riant.

Le premier couplet était achevé ; mais le prince de Kranitz, voyant l'émotion produite, s'était arrêté.

A ce moment, par les fenêtres ouvertes, on entendit une clameur qui s'élevait sur la place du village, puis des bravos claqués par des mains vigoureuses vinrent ébranler les vitres.

De la place de la fête, qui se trouvait sous l'esplanade du château et à une distance assez courte, on avait entendu la chanteuse et on l'applaudissait.

— Encore, encore ! crièrent quelques voix ; le second couplet ! Encore !

Puis, au bout de quelques secondes ; des voix rudes, mais puissantes, se mirent à chanter.

> Amour sacré de la patrie,
> Conduis, soutiens nos bras vengeurs.

— Eh bien ! madame, dit le marquis, vous voyez le beau résultat de cette folie.

XXII

Tous les invités du marquis n'avaient pas quitté Chalençon le soir même de la fête si malencontreusement interrompue par l'étrange plaisanterie de madame de Lucillière ; tandis que le plus grand nombre regagnait Paris ou les villages environnants, quelques-uns étaient restés au château, et parmi ceux-ci se trouvaient le colonel, le baron Lazarus et sa fille, le prince de Kranitz, le prince Mazzazoli, la comtesse Belmonte et Carmelita, qui devaient passer plusieurs jours à la campagne.

C'était là une circonstance favorable pour le prince Mazzazoli, qui pouvait ainsi, avec toute facilité, se livrer à des recherches, et en même temps entretenir à loisir le baron Lazarus.

Comme s'ils s'étaient entendus pour former une étroite alliance, ils ne se quittaient pour ainsi dire pas, et, aussitôt qu'ils en avaient la possibilité, ils se rapprochaient l'un de l'autre ; le plus souvent, c'était pour s'occuper de choses insignifiantes, mais parfois aussi pour traiter d'un mot décisif le sujet qui les intéressait tous deux.

Ce que le prince avait tout d'abord cherché, c'avait été de voir ou de deviner quels étaient les sentiments du marquis de Lucillière pour le baron Lazarus ; car, de ce que celui-ci avait été invité à Chalençon, il n'y avait rien à conclure. Le marquis était trop fin pour laisser ostensiblement à l'écart quelqu'un avec qui il aurait voulu rompre.

Malgré tout le soin qu'il avait apporté à son observation, il n'avait rien découvert. Le marquis était pour le baron ce qu'il avait toujours été, d'une affabilité exquise, et il fallait être prévenu pour savoir que cette affabilité était voulue, tant elle paraissait naturelle et spontanée.

Au reste, le baron rendait en témoignages affectueux prodigués au marquis, ce que celui-ci lui donnait en politesses : pour tout le monde ils étaient les meilleurs amis.

Qu'y avait-il sous ces démonstrations d'amitié ? Ce fut ce que le prince ne put pas découvrir, au moins à l'égard du marquis ; car, pour le baron, il savait à quoi s'en tenir, et celui-ci d'ailleurs prenait soin de l'avertir plusieurs fois par jour de ses véritables sentiments.

Ce fut ainsi que deux jours après cette mémorable soirée du *Serpent*, le baron fit au prince une confidence qui montrait que depuis son arrivée à Chalençon, il n'avait pas perdu son temps.

— Qu'avez-vous fait dimanche pendant que la marquise nous chantait son *Serpent* ?

— J'ai écouté et j'ai regardé.

— Moi, je n'ai ni écouté ni regardé, au moins ce qui se passait dans le salon ; justement parce que j'ai la passion de la musique, j'ai l'horreur de ces inepties parisiennes. Pendant que vous applaudissiez cette insanité, je me promenais dans le parc avec M. de Vibraye, qui me racontait des choses fort intéressantes sur l'association du marquis et du colonel.

— Le colonel trouve qu'elle lui coûte bien cher.

— Au contraire, il trouve qu'elle lui rapporte trop.

— Ça, c'est une face nouvelle de la question, et je ne l'avais pas considérée de ce côté. Vous m'étonnez.

— Il paraît que le marquis a dans son écurie un cheval nommé *Voltigeur*, déclaré par lui poulain de deux ans, alors qu'en réalité il a trois ans.

— Mais c'est impossible !

— Votre interruption est précisément celle que j'ai faite à M. de Vibraye ; mais celui-ci a haussé les épaules et m'a donné des explications qui semblent démontrer que cela est possible pour un propriétaire de chevaux de courses, qui est possesseur d'un haras, c'est-à-dire de juments et d'étalons. Il n'a qu'à ne pas inscrire la naissance d'un poulain sur son état et à déclarer vide la jument mère de ce poulain ; l'année suivante, il déclare son poulain et celui-ci figure sur les états officiels comme âgé d'un an, quand en réalité il est âgé de deux ans. Il paraîtrait que c'est là le cas de *Voltigeur*, qui aurait été déclaré en 1866, alors qu'il aurait dû l'être en 1865.

— Ainsi *Voltigeur*, âgé en réalité de trois ans, courrait avec des chevaux de deux ans ?

— C'est ce qui vous explique qu'il les batte si facilement dans toutes les rencontres ; d'autant mieux que pour cette supercherie le marquis a choisi celui de tous ses poulains qui par sa naissance devait être le meilleur. Vous voyez donc que ce qui d'abord vous paraissait impossible est pratiquement possible. Maintenant est-il possible que moralement le marquis se soit rendu coupable d'une pareille fraude ?

— Assurément non !

— C'est ce que je pense aussi, mais ce que nous pensons l'un et l'autre ne fait pas l'opinion des intéressés et des gens compétents. Or il paraît que, parmi ces gens, l'opinion généralement admise est pour la fraude. De là des plaintes et des récriminations, qui sont parvenues aux oreilles du colonel.

— Mais cela est affreux pour lui, car il se trouve ainsi, par son association avec le marquis, complice de cette fraude ; et il est obligé d'empocher un argent qu'il sait mal gagné.

— On raconte qu'il a eu à ce sujet une explication plus que vive avec le marquis ; mais que voulez-vous qu'il fasse ?

— Qu'il rompe son association.

— C'est en même temps rompre sa liaison. Sa situation me paraît dramatique : d'un côté, sa probité et sa loyauté lui font une loi de rompre ; de l'autre, son amour l'oblige à gagner de l'argent malgré lui.

— Est-ce qu'il parie pour *Voltigeur* ?

— Ah ! non, et c'est même cela qui a confirmé les soupçons. D'ordinaire il pariait d'assez grosses sommes pour ses chevaux : depuis que ces bruits sont parvenus à ses oreilles, il refuse absolument tous les paris. Cela est significatif. On dit même que le marquis lui a fait des observations à ce sujet, et que c'est là ce qui a amené cette explication dont je vous parlais.

En effet, le baron avait été bien renseigné ; son récit était exact, mais il n'était pas complet, en ce sens qu'il ne donnait pas de détails sur l'explication qui avait eu lieu entre le colonel et le marquis.

Pendant assez longtemps, le colonel était resté sans

comprendre les allusions plus ou moins directes qu'on lui adressait à propos de *Voltigeur* et les mots à double sens qu'il entendait à ce sujet. Puis l'inquiétude lui était venue. Avec un homme tel que le marquis, il y avait tout à craindre. Quelle combinaison avait-il inventée ?

Alors il s'était adressé à son ami Gaston de Pompéran. Mais celui-ci s'était tout d'abord vivement défendu; il ne savait rien, il n'avait rien entendu. Il avait fallu que le colonel insistât en lui représentant qu'il croyait son honneur engagé, et que dans ces conditions un ami véritable ne pouvait pas se refuser à la sincérité, si désagréable qu'elle pût être.

Alors Gaston de Pompéran avait dû confesser la vérité et rapporter les bruits qui couraient sur *Voltigeur*.

Ainsi renseigné et fixé, le colonel s'était franchement expliqué avec le marquis en lui faisant part des accusations formulées contre *Voltigeur*.

— Croyez-vous donc que je ne savais pas tout cela ? répondit M. de Lucillière en riant.

— Vous le saviez ?

— Sans doute.

— Et vous n'avez rien fait ?

— Que voulez-vous que je fasse ? Avez-vous autre chose que le dédain à opposer à ces calomnies, qui ont pris naissance dans le cœur fielleux de quelques-uns de nos concurrents ?

— Mais pourquoi faire courir *Voltigeur* ?

— Parce qu'il a des engagements. Que diraient ceux qui ont fait des paris d'après ces engagements, si tout à coup, sans raisons sérieuses, je retirais *Voltigeur* et déclarais forfait dans tous ses engagements ? Ne voyez-vous pas que ce serait leur faire perdre leur argent d'une façon peu délicate ? Nos chevaux ne sont pas seulement à nous, ils sont encore jusqu'à un certain point au public. Je sais que ces principes ne sont pas partagés par tous les propriétaires, qui croient être maîtres absolus de leurs chevaux, mais ils sont les miens et je dois les observer. Vous devez donc comprendre que je ne peux pas ne pas faire courir *Voltigeur*. D'ailleurs pourquoi perdre bénévolement un argent que nous pouvons gagner ? Ce serait véritablement agir avec trop de naïveté.

— Ce serait donner satisfaction...

— A quoi ? Ou plus justement à qui ? A ceux qui ont inventé ces bruits. De sorte que quand on voudrait se débarrasser d'un cheval appartenant à une écurie rivale, il y aurait tout simplement à colporter une calomnie de ce genre. Et puis ne voyez-vous pas que retirer *Voltigeur* du turf, ce serait passer condamnation ! Que dirait-on ? Une seule chose : « Ils ont eu peur, ils ont fait disparaître leur cheval. » Puis-je passer condamnation, puis-je m'exposer à paraître avoir peur, dans une affaire aussi simple, aussi nette que celle-ci ? car vous êtes bien convaincu, n'est-ce pas, que la naissance de *Voltigeur* est pleinement régulière ?

Le colonel fut obligé de répondre qu'il avait cette conviction, cependant il persista dans son idée de ne pas faire courir *Voltigeur*.

— Permettez-moi de vous dire, répliqua le marquis, que ce serait tout simplement absurde, et que pour mon compte je n'y consentirai pas, je ne me retire jamais devant ce qui ressemble à une pression, d'où qu'elle vienne. Dieu merci ! je suis, par mon nom et par ma position, placé au-dessus des calomnies dont je me soucie comme de cela.

Et il fit claquer son ongle contre ses dents.

Ce mot, le colonel l'avait déjà entendu ; ce geste, il l'avait déjà vu dans une circonstance qui n'était pas sortie de sa mémoire. Quel fâcheux rapprochement !

Mais le marquis ne lui donna pas le temps de se perdre dans ses souvenirs.

— Permettez-moi aussi, dit-il, de vous faire observer que vous êtes beaucoup trop sensible aux propos du monde. Où irait-on, si l'on prêtait l'oreille à toutes les calomnies que répandent la malignité de nos ennemis et parfois la jalousie de nos amis? Ainsi qu'auriez-vous fait, étant à ma place, si l'on vous avait apporté un jour une lettre anonyme disant que tous les soirs la marquise de Lucillière s'introduisait chez le colonel Chamberlain par une petite porte de la rue de Valois ?

Le colonel fut si rudement atteint par ces quelques mots dits légèrement et presque gaiement, en plaisantant, qu'il resta abasourdi, sans rien trouver à répondre.

— Auriez-vous ajouté foi à cette lettre? continua le marquis. Auriez-vous organisé une surveillance pour surprendre la marquise? auriez-vous rompu toute relation avec le colonel Chamberlain? Non, n'est-ce pas? Vous n'auriez rien fait de tout cela; vous auriez dédaigné ces calomnies, comme je les ai dédaignées moi-même. Eh bien! mon cher ami, je vous engage à agir à propos des bruits répandus sur *Voltigeur*, comme j'ai agi moi-même, à propos de ceux répandus sur la petite porte de la rue de Valois. Les uns ne sont pas plus fondés que les autres ou plutôt, si vous aimez mieux, ils se valent. Et à cela il n'y a rien d'étonnant ; car pour moi ils viennent d'une seule et même source, et ils sont inspirés en vue d'un seul et même résultat : on veut nous séparer. Je vous ai dit ce que j'ai fait ; à vous de voir, mon cher ami, ce que vous voulez.

Dans ces conditions, que faire? Un seul parti se présentait pour lui : rompre sa liaison avec la marquise, rompre son association avec le marquis.

Mais, si l'association était facile à rompre, combien difficile était la liaison !

Il l'aimait, il l'adorait, cette adorable marquise, et chaque jour les racines que cette passion avait jetées en lui étaient devenues plus nombreuses et plus fortes ; maintenant il n'y avait pas une fibre de son être qui, par un point quelconque, ne fût attachée, soudée à elle.

XXIII

Le lendemain du jour où le baron Lazarus avait raconté l'histoire de *Voltigeur* au prince Mazzazoli, celui-ci, vers dix heures du matin, était à la fenêtre de sa chambre, occupé à faire sécher en plein air ou plus justement à éventer la nouvelle couche de teinture noire qu'il venait d'appliquer sur ses cheveux et sur sa barbe.

Comme il se tournait tantôt à droite, tantôt à gauche, pour exposer successivement ses cheveux aux rayons du soleil, il entendit un bruit de voix au-dessous de lui : ces voix étaient celles de la marquise et de sa femme de chambre,

La chambre que le prince occupait était au second étage, celle de la marquise au premier.

Mais, par suite d'une disposition particulière, les fenêtres de la marquise ouvraient sur une terrasse, tandis que celles du prince ouvraient tout simplement sur le vide.

C'était sur cette terrasse que la marquise venait de s'asseoir, précisément au-dessous des fenêtres du prince. De telle sorte que celui-ci, en se penchant un peu, la voyait parfaitement, sans qu'elle-même pût le voir, à moins de lever la tête et de regarder en l'air : ce à quoi du reste elle ne paraissait nullement songer.

Elle était en toilette du matin, mais déjà prête pour descendre au déjeuner.

— Apportez-moi un guéridon, dit-elle, mon buvard et un encrier.

Vivement la femme de chambre apporta tout ce qui lui était demandé et disposa le guéridon devant la marquise.

— Vous ne laisserez entrer personne, dit madame de Lucillière; j'ai des lettres à écrire, je désire être seule jusqu'à l'heure du déjeuner. Ne me dérangez pas. Si M. le colonel Chamberlain fait demander à me voir, vous répondrez que je suis occupé.

La femme de chambre rentra dans la chambre, et la marquise resta seule sur la terrasse, son guéridon devant elle.

Un moment, le prince avait espéré que la marquise recevrait le colonel sur cette terrasse, de telle sorte que de sa fenêtre il entendrait leur entretien : ce qui pouvait avoir de l'intérêt et lui apprendre des détails bons à connaître.

Cet ordre donné à la femme de chambre de ne laisser entrer personne le déconcerta. Que lui importait que la marquise écrivît des lettres? il n'était pas de ceux, Dieu merci! qui restaient en contemplation devant le chignon de madame de Lucillière. Encore si par-dessus son épaule il avait pu lire ce qu'elle écrivait.

Pendant ce temps, la marquise avait ouvert son buvard et, dans une petite papeterie, elle avait pris du papier à lettre avec des enveloppes, puis elle s'était mise à écrire.

Le prince, penché par-dessus l'appui de sa fenêtre, la voyait tracer de petites lignes noires sur le papier blanc; mais les mots qui formaient ces lignes, il ne les distinguait pas.

— A qui écrivait-elle? A l'un de ses amants sans doute.

— Si l'on pouvait parvenir à s'emparer de sa lettre, quelle arme contre elle, et quel moyen d'action sur le colonel.

Il n'y avait pas par malheur qu'à allonger le bras : pour

s'emparer de cette lettre; un étage les séparait l'un de l'autre.

Quel supplice de voir ce petit morceau de papier, qui pouvait devenir l'instrument de sa fortune, à trois ou quatre mètres de sa main, et de ne pouvoir pas le prendre! quel agacement de ne pouvoir pas voir les mots qu'elle traçait rapidement d'une écriture courue!

Il distinguait leur forme, s'ils étaient longs ou courts, mais non leur sens.

Comme il cherchait à reconnaître les lettres qui dansaient et se mêlaient devant ses yeux, en se penchant par-dessus l'appui de sa fenêtre, au point de s'exposer à tomber sur la tête de la marquise, s'irritant, s'exaspérant de son impuissance à déchiffrer ces maudites pattes de mouche, une idée lui traversa tout à coup l'esprit et le fit se redresser brusquement.

Avant de venir à Chalençon, il avait, comme la marquise et la plupart des invités de celle-ci, assisté aux courses de Longchamps et, suivant son habitude, il avait emporté sa lorgnette; n'étant point, après les courses, rentré chez lui, il avait apporté cette lorgnette à Chalençon et elle se trouvait posée sur la cheminée de sa chambre.

Vivement il courut à cette cheminée et tira la lorgnette de son étui; puis, examinant un arbre de la pelouse, il la mit au point sur les feuilles de cet arbre.

Alors, revenant doucement à la fenêtre et se penchant avec précaution, de manière à n'être pas aperçu par la marquise, si celle-ci levait par hasard les yeux, il braqua sa lorgnette sur la lettre qu'elle écrivait.

Mais il ne distingua rien tout d'abord et il ne vit la lettre que confusément, à travers une sorte de brouillard.

Il comprit que son point était mauvais et qu'il ne devait pas être le même pour cette lettre, placée à trois ou quatre mètres, que pour l'arbre, placé à quinze ou vingt.

Alors il allongea les tubes de sa lorgnette au point de les développer presque dans leur entier.

Aussitôt les mots tracés par la marquise se dessinèrent nettement devant ses yeux.

C'était sa signature qu'elle écrivait à ce moment même HENRIETTE.

Il allait donc lire cette lettre.

Mais, comme de la dernière ligne il remontait à la première, la marquise prit la feuille de papier et la plaça dans le buvard pour sécher l'encre.

C'était vraiment jouer de malheur, et le prince ne put retenir un geste de colère.

Cependant la marquise continuait de sécher tranquillement sa lettre dans le buvard, en passant sa main gauche à plusieurs reprises sur la première feuille de papier rose.

Lorsqu'elle jugea que l'encre était bue, elle reprit sa lettre et la plia en deux, puis elle la glissa dans une enveloppe et écrivit l'adresse.

« Monsieur le duc de Mestosa. »

Ah! que n'avait-t-il eu l'idée de se servir de sa lorgnette aussitôt que la marquise avait commencé à écrire : mot par mot, ligne par ligne, il aurait lu cette lettre, qui bien certainement lui eût appris des choses intéressantes et utiles.

L'adresse terminée, la marquise la plaça entre deux feuilles du buvard ; puis, quand elle l'eut ainsi séchée elle la mit dans la poche de sa robe.

La marquise avait pris une nouvelle feuille de papier, et elle se préparait à écrire une seconde lettre.

Le prince se hâta de braquer sa lorgnette sur le guéridon.

La marquise avait commencé :

« *My dear.* »

Décidément la fatalité le poursuivait. Qui donc, au château, lui avait jeté le mauvais œil ? Il ne savait pas l'anglais.

Il avait, dans son dépit, retiré les yeux de sa lorgnette ; machinalement il les remit et regarda de nouveau.

Les premiers mots seuls étaient en anglais ; le corps de la lettre, dont deux lignes déjà étaient écrites, était en excellent français, parfaitement lisible, parfaitement compréhensible.

« A mon grand regret, je n'ai pas pu vous écrire hier,
» comme je vous l'avais promis... »

Enfin il tenait son secret.

La main glissait légèrement sur le papier, et bien que l'écriture fût courue, elle était si nette et si distincte que le prince la lisait facilement, à mesure que les caractères étaient tracés.

« .... Les raisons, je vous les donnerai de vive voix.
» Vous plaît-il que ce soit vendredi ? Si oui, comme je
» l'espère, attendez-moi de trois à quatre heures. Si je
» suis en retard, ce qui est possible, ne vous impatientez
» pas et dites-vous bien que je vous aime.
        » HENRIETTE. »

Puis cette lettre rejoignit la première dans la poche de la robe ; et sans perdre de temps, elle se prépara à en écrire une troisième.

« Il vous a fallu votre vendredi, malgré tout ; vous
» l'avez voulu, vous l'avez exigé. Eh bien ! vous l'aurez,
» tyran ; mais désormais ne dites plus, n'est-ce pas ? que
» je ne fais pas tout ce que vous désirez. Vous voyez que
» pour moi vous avez supprimé le mot impossible. Est-ce
» assez pour calmer votre insupportable jalousie et vous
» convaincre ? Vous me donnerez la réponse à cette ques-

» tion vendredi, de quatre à cinq heures. A vendredi,
» votre vendredi.

« HENRIETTE. »

Pour qui cette lettre ?

C'était pour le prince Seratoff.

Décidément la bonne chance était pour lui, et, de même qu'il s'était demandé qui avait pu lui jeter la *jettatura*, il chercha qui avait pu lui porter bonheur.

La marquise était perdue, car il n'y avait pas à nier ces lettres ou à les expliquer ; elles étaient précises et, grâce à Dieu, assez nettes dans leurs détails pour convaincre l'esprit le plus obstinément prévenu.

La marquise avait repris la plume, il fallait suivre sa main.

« Prière à M. Faugerolles de vouloir bien se rappeler... »

Il ne chercha pas à en lire davantage, une lettre à Faugerolles ne l'intéressait pas. Cependant il resta les yeux fixés sur la table, et bien que son esprit fût ailleurs, il ne perdit rien de ce que faisait madame de Lucillière.

Ce fut ainsi qu'il la vit écrire ; puis, ce billet terminé, il vit qu'elle le plaçait dans le buvard.

Mais, lorsqu'elle voulut le reprendre, elle ne le retrouva pas tout d'abord, ayant perdu les feuillets entre lesquels elle l'avait placé. Alors elle ouvrit ces feuilles en plein, les unes après les autres.

C'était machinalement que le prince la regardait, sans prendre grande attention à sa recherche. Que lui importait !

Mais il remarqua que les lettres qu'elle avait placées dans le buvard aussitôt après les avoir écrites avaient laissé leur empreinte sur le papier, qui avait bu leur encre humide, et qu'elles s'y étaient imprimées pour ainsi dire.

Cette remarque fut un trait de lumière. Qu'il eût ce buvard, et il n'avait pas besoin des lettres.

Qu'allait-elle en faire ?

Elle ne s'en inquiéta pas, et, après avoir tâté sa poche par un mouvement machinal, pour être bien certaine que les lettres s'y trouvaient, elle rentra dans sa chambre.

Le buvard était resté sur le guéridon.

Le prince respira ; et quand il pensa que tout le monde était à table, il prit un mouchoir ; après l'avoir déplié, il le laissa tomber sur la terrasse, à deux pas du guéridon.

Il avait ainsi un prétexte pour se trouver sur cette terrasse, si on l'apercevait : il cherchait son mouchoir qui venait de tomber.

Il descendit et frappa à la porte de la chambre de la marquise. Personne ne lui répondit ; tout le monde était au rez-de-chaussée.

Alors il entra et courut à la terrasse.

Prendre ce buvard, il n'y fallait pas songer ; mais une feuille ou deux, celles qui gardaient l'empreinte des lettres : cela était sans doute possible.

Il ouvrit le buvard ; il se composait d'un cahier de gros papier rose, dont les feuilles étaient réunies par un fil élastique attaché au maroquin en haut et en bas.

Rien n'était plus facile que d'enlever une ou deux de ces feuilles, celles qui gardaient l'empreinte des lettres qu'il venait de lire.

XXIV

Le prince, pris par les occupations et les distractions ordinaires de leur vie, dut attendre jusqu'au soir pour examiner les feuilles du buvard.

Et ce fut seulement quand il supposa que tout le monde était endormi dans le château qu'il se décida à ouvrir le meuble où il les avait serrées.

La porte de sa chambre fermée à clef et au verrou, la portière rabattue, les rideaux des fenêtres bien clos, il crut qu'il pouvait les atteindre sans danger.

Avec précaution, il déplia les feuilles de papier rose et les regarda.

Les empreintes étaient parfaitement distinctes, au moins dans le bas de chaque lettre, car les premières lignes dont l'encre avait commencé à sécher lorsque la marquise les avait placées dans le buvard, étaient plus pâles et quelques mots même étaient mal formés.

Mais ces empreintes étaient naturellement renversées, et il fallait les lire de droite à gauche.

Cette opération, simple et facile pour un typographe, était au contraire fort embrouillée pour quelqu'un qui n'avait pas l'habitude de lire le caractère d'imprimerie.

A regarder ces empreintes, on ne voyait tout d'abord qu'une sorte de gribouillis indéchi... able.

Mais si l'on prenait un petit miroir et si on le plaçait devant la feuille de papier en l'inclinant légèrement, les lettres, les mots, les lignes, venaient aussitôt s'imprimer sur sa face polie et l'on pouvait alors les lire couramment.

Le même résultat était obtenu avec plus de netteté encore, si l'on posait le miroir à plat sur une table et si l'on exposait au-dessus l'empreinte prise par le papier buvard.

C'était la lettre elle-même qu'on avait devant les yeux.

Ce fut ce moyen qu'employa le prince Mazzazoli, et il fut stupéfait du succès qu'il obtint.

Quelques mots dans les premières lignes étaient brouillés, ou plus justement frustes, comme disent les antiquaires en parlant des médailles usées, et cela, parce que l'encre avait déjà séché; mais les dernières étaient d'une netteté parfaite.

Ne voulant pas s'en tenir aux lettres du prince Seratoff et de lord Fergusson, qu'il connaissait, il chercha celle du duc de Mestosa, sur laquelle il avait braqué sa lorgnette trop tard, il la lut avec la plus grande facilité, à l'exception des premières lignes.

Mais ce qui avait été imprimé sur le buvard était plus que suffisant pour éclairer le colonel.

Voici ce qu'il lut :

... » de vous voir vendredi, comme je l'avais es-
» péré. J'irai à Paris, il est vrai; mais je n'aurai pas une
» minute à moi. Me pardonnerez-vous ? Je m'en flatte, et
» ne veux pas croire que vous douterez un moment de la
» tendresse, faut-il dire, de l'amour de votre

» HENRIETTE. »

Comme si ce n'était pas assez, le prince chercha encore quelque découverte nouvelle en promenant toutes les parties du buvard au-dessus de son miroir; mais il ne trouva rien, si ce n'est une variante au dernier couplet du *Serpent*, qui prouvait que madame de Lucillière travaillait ses poésies et, bien que peu classique dans sa forme, suivait cependant les préceptes du sévère Boileau sur le polissage et le repolissage des vers.

Son examen terminé, il serra de nouveau ces précieuses feuilles sous clef et se mit au lit pour réfléchir, à tête reposée, au parti qu'il devait adopter et au plan qu'il devait se tracer.

Il était bien certain que la lecture de ces lettres allait amener une rupture entre le colonel et la marquise.

Si aveugle que fût le colonel, ses yeux s'ouvriraient.

Si épris qu'il pût être, il ne supporterait pas une pareille tromperie, et même c'était justement la puissance de son amour qui ferait la violence de son désespoir.

A quoi ce désespoir l'entraînerait-il ?

Il pouvait quitter Paris immédiatement et retourner en Amérique.

Il pouvait provoquer le prince Seratoff, le duc de Mestosa, lord Fergusson, et se battre avec eux. Qu'il les tuât, c'était parfait ; mais qu'il se fît tuer par eux, c'était ce qu'il ne fallait pas.

Pendant quelques instants, il fut embarrassé de la puissance de l'arme que le hasard venait de lui mettre aux mains, se demandant comment il devait s'en servir, sans s'exposer à se blesser lui-même.

Il n'y avait donc pas à hésiter : il fallait franchement employer cette arme et courir les chances qu'elle pouvait faire naître — les mauvaises comme les bonnes.

Les bonnes, il fallait prendre ses précautions pour en profiter.

Les mauvaises, il fallait, autant que possible, s'arranger pour s'en défendre et les neutraliser.

Le lendemain, prétextant des affaires importantes, il quitta Chalençon pour rentrer à Paris.

Il avait besoin d'être seul et libre pour faire tous ses préparatifs.

Dans son plan, il y avait deux points principaux, desquels découlait tout le reste.

Le premier consistait à se procurer une somme d'argent suffisante pour quitter Paris et suivre le colonel, si celui-ci partait en voyage, comme cela était possible et même probable.

Le second, non moins important, consistait à trouver un agent habile et sûr qui pût organiser une surveillance autour du colonel et savoir où il allait.

Au bout de deux jours le prince était à la tête de sept mille cinq cents francs en argent. Le reste du musée, le mont-de-piété, les emprunts, les achats de marchandises neuves, tout avait été mis en œuvre.

Maintenant il pouvait agir.

Alors il avait été rendre visite à l'homme sur lequel il comptait pour surveiller le colonel, M. Max Profit, directeur de l'*Agence des familles*, cette agence qui rendait tant de services en organisant, disait son prospectus, « des surveillances particulières, nocturnes et diurnes, citadines et villageoises, qui permettent de savoir ce qu'on soupçonne ou même de concevoir des soupçons qu'on n'avait pas. »

En deux mots le prince Mazzazoli avait mis M. Max Profit au courant de ce qu'il désirait, c'est-à-dire savoir d'une façon précise ce que M. le colonel Chamberlain ferait à partir du lundi suivant, où il irait, dût-on le suivre jusqu'au bout du monde, sans le perdre de vue.

Les choses ainsi disposées, son agent en faction devant la porte du colonel, madame de Lucillière absente de Paris, le moment était venu de frapper le grand coup.

Pour cela, le moyen à employer était des plus simples : c'était celui du baron Lazarus, — une lettre anonyme. Seulement le prince, plus circonspect et plus économe que le baron, ne recourut point à un écrivain public. Grâce à l'éducation qu'il s'était donnée, il possédait deux genres d'écriture absolument dissemblables : une cursive, dont il se servait habituellement, et une bâtarde ronde, qu'il n'employait que dans certaines circonstances particulières et qu'on ne connaissait pas.

Ce fut donc en bâtarde qu'il écrivit le billet suivant :

» Si vous voulez savoir quelles sont les relations qui
» existent entre madame la marquise de Lucillière et le
» duc de Mestosa, le prince Seratoff et lord Fergusson,
» lisez les empreintes tracées sur le buvard ci-joint. Pour
» cela, exposez ces feuilles de papier buvard au-dessus
» d'un miroir et lisez dans le miroir même. »

Puis, après avoir placé ce billet et les feuilles de buvard dans une grande enveloppe qu'il ferma de cinq cachets en cire, un lundi matin il porta ce paquet à la grande poste et le chargea en donnant un faux nom.

XXV

Ce lundi-là le colonel resta chez lui, en donnant l'ordre de ne recevoir personne.

Jusque vers cinq heures de l'après-midi, les ordres qu'il avait donnés avaient été fidèlement exécutés, et personne n'était venu troubler sa solitude.

Mais à ce moment un domestique entra dans la bibliothèque, où il se trouvait, pour lui annoncer qu'un facteur de la poste demandait à le voir.

— Envoyez ce facteur à Horace.

— Ce n'est pas possible, il a une lettre chargée à remettre à monsieur.

— Qu'il la remette à Horace.

C'était Horace en effet qui recevait ordinairement les lettres du colonel et qui le plus souvent y répondait.

Car ces lettres, pour la plupart, étaient des demandes de secours, des propositions d'affaires plus ou moins merveilleuses, tout le fatras dont le colonel avait été accablé en arrivant au Grand-Hôtel et qui l'avait suivi lorsqu'il s'était établi chez lui.

Tout d'abord Horace avait lu ces lettres avec conscience, et à chacune il avait fait une réponse autographe que le colonel signait.

Mais bientôt ils avaient été l'un et l'autre débordés : Horace n'avait plus le temps d'écrire et le colonel ne pouvait plus signer.

Alors le colonel avait fait imprimer une circulaire qui était envoyée en réponse à tous ceux qui adressaient une demande.

« Monsieur,

» Il m'est adressé un grand nombre de demandes
» comme la vôtre.

» A mon grand regret, je suis obligé de déclarer qu'il
» m'est impossible d'y donner suite.

» Je vous prie de recevoir mes excuses et mes saluta-
» tions.
» Colonel CHAMBERLAIN. »

Cela avait simplifié les choses et donné un peu de répit à Horace, qui n'avait plus que des adresses à écrire : encore était-ce un travail qui lui prenait quelquefois plusieurs heures par jour.

— J'ai proposé au facteur de remettre sa lettre à M. Horace, continua le domestique ; mais cela n'est pas possible, il faut que monsieur signe lui-même.

— Alors qu'il entre.

Et le facteur avait remis au colonel une grande enveloppe fermée de cinq cachets de cire.

Pendant quelques instants, le colonel avait tourné et retourné cette enveloppe entre ses doigts, il avait regardé l'écriture de l'adresse ; puis, comme cette écriture ne lui disait rien, pas plus que les initiales des cachets, il avait jeté sur le coin d'une table cette lettre, qui bien probablement n'était qu'une répétition de toutes celles dont on le bombardait.

La lettre jetée, il n'y pensa plus ; ce fut le soir seulement que ses yeux tombèrent par hasard sur ces cinq grands cachets rouges qui reflétaient la lumière.

Il était précisément en ce moment dans une de ces dispositions d'esprit où l'on cherche volontiers une distraction machinale, où l'on déchire, sans trop savoir ce que l'on fait, une feuille de papier en petits morceaux, où l'on couvre sa pancarte de dessins informes, où l'on fait tourner ses doigts. Il prit cette grande enveloppe et, pendant plusieurs minutes, il la balança au bout de sa main, tout en restant profondément absorbé dans sa réflexion.

Puis, l'ayant posée de nouveau sur la table, il se mit à déchiqueter doucement la cire des cachets avec la pointe d'un canif.

Un cachet enlevé, il passa à un autre, sans avoir conscience de ce qu'il faisait, et, celui-là déchiqueté et brisé, à un troisième.

L'enveloppe alors s'ouvrit d'elle-même et laissa apercevoir des feuilles de papier buvard,

Cela attira son attention.

Il tira le papier buvard de l'enveloppe, et en l'ouvrant, il trouva le billet du prince Mazzazoli.

Une lettre anonyme. Quelle infamie! Et il rejeta loin de lui le billet et les feuilles de papier buvard; après le coup de couteau de la forêt de Marly, la lettre au marquis; après la lettre au marquis, celle qui venait de le frapper.

Assurément il ne la lirait pas.

Mais les soupçons qui pendant si longtemps l'avaient torturé le poussaient, sans qu'il pût leur résister. Ce n'était point une lettre anonyme qu'il lirait, ce seraient les lettres même de la marquise.

Il prit un petit miroir à main, et l'ayant posé à plat sur la table, il plaça l'une des feuilles du buvard au-dessus.

La signature HENRIETTE lui entra dans le cœur comme un coup de couteau.

Il remonta alors à la première ligne.

« Il vous a fallu votre vendredi... »

Il la lut jusqu'à la dernière ligne.

« A vendredi, votre vendredi! »

Il suffoquait; ses mains tremblaient tellement qu'il laissa échapper le papier sur la table.

Il reprit la feuille et, s'appuyant les deux bras sur la table, il l'exposa au-dessus du miroir.

Ce serpent
Se repent

Il déplia la seconde feuille.

« *My dear...* dites-vous bien que je vous aime. »

Et c'était elle, c'était bien elle qui avait écrit ces trois mots que la veille encore elle lui disait, elle lui répétait si tendrement à lui-même.

Lord Fergusson, le prince Seratoff, le duc de Mestosa, ses rivaux !

Il promena chacune des parties des deux feuilles de papier au-dessus du miroir, mais il ne fit pas de nouvelles découvertes.

Et il en éprouva une certaine colère; il aurait voulu trouver la copie de dix lettres, de vingt lettres pareilles à celles qu'il venait de lire.

Il se renversa dans son fauteuil et resta là à regarder les murs de la bibliothèque, qui dansaient devant ses yeux; le plafond s'abaissait, le parquet se soulevait comme des vagues en un jour de tempête. Mais la tempête était en lui, et c'était dans son cœur, c'était sous son crâne que le sang frappait et bouillonnait en vagues furieuses.

Dieu merci ! elle n'était pas à Paris.

Et ceux qui lui avaient envoyé ces feuilles accusatrices avaient eu la charité au moins de choisir leur moment pour lui éviter un crime.

Et pourquoi ne l'aurait-elle pas trompé après tout? pourquoi lui eût-elle été fidèle quand elle ne l'avait pas été aux autres?

A une pareille tromperie, on ne devait répondre que par le mépris et l'abandon.

Il quitterait Paris, il la fuirait.

Et, dans l'écroulement qui venait de se produire en lui, cette résolution lui donna une sorte de calme.

Il savait ce qu'il avait à faire.

Il se mit à son bureau et écrivit.

« Lisez le billet ci-joint et les feuilles de votre buvard
» qui l'accompagnaient, vous sentirez pourquoi je quitte
» la France ce soir même,

» Édouard Chamberlain. »

Il réunit les feuilles du buvard, y joignit le billet du prince Mazzazoli et celui qu'il venait d'écrire lui-même ; puis, ayant enfermé le tout dans une grande enveloppe, il écrivit sur cette enveloppe le nom de madame de Lucillière.

Pendant longtemps il resta la tête cachée entre ses mains, abîmé dans son désespoir.

Les heures de la nuit avaient marché, il régnait un silence de mort dans tout l'hôtel.

Il prit un indicateur des chemins de fer, et il alla d'une ligne à l'autre ; mais, à cette heure avancée, tous les trains des grandes lignes étaient partis.

En le feuilletant machinalement un nom frappa ses yeux : Genève.

Pourquoi n'irait-il pas à Genève? En Suisse, dans les montagnes, il trouverait sans doute le calme et la solitude.

Arrêté à cette résolution, il monta à la chambre d'Horace pour lui dire de préparer ce qui était nécessaire à leur voyage.

Il le croyait couché et ne voulait pas provoquer la curiosité de quelque domestique en le sonnant.

Mais Horace n'était point encore au lit.

Quand le colonel entra dans sa chambre, éclairée avec une lampe et trois ou quatre bougies, Horace était devant sa glace en train de faire pour la quatrième ou cinquième fois le nœud de sa cravate.

Il était en tenue de soirée : pantalon noir, bottines fines, linge blanc.

Deux bouquets, enveloppés de papier, étaient posés sur une table, au milieu de flûtes, de clarinettes et de cornets à piston.

Car, depuis son arrivée à Paris, Horace avait été pris d'une manie assez bizarre ; il achetait tous les instruments de musique qu'il trouvait, et sa chambre en était mieux garnie que la boutique de biens des facteurs. Au murailles étaient accrochés des violons, des trombones, des triangles et des tambours ; mais ce qu'il aimait par dessus tout, avec passion, avec folie, c'étaient les instruments à vent. Il ne pouvait pas voir une hanche ou une embouchure sans être tourmenté aussitôt de l'envie de souffler dedans ; tout le temps qu'il avait de libre, il l'employait à cette exercice, et s'il quittait une clarinette, un hautbois ou un basson, c'était pour prendre une trompette à coulisse, un cor ou un fifre : le violon n'était pour lui qu'une simple distraction.

Et, chose curieuse, il ne jouait pas trop mal de tous ces instruments ; au bout de huit jours, quinze jours, il connaissait le maniement de celui qu'il venait d'acheter et il passait à un autre.

— Tu te disposais à sortir ? dit le colonel.

Horace regardait les bouquets d'un œil attendri.

— Oui, mon colonel.

— Il faut rester ; nous partons demain matin en voyage et tu as nos malles à faire cette nuit.

— Un voyage, un vrai voyage, un long voyage ?

— Peut-être je n'en sais rien.

La figure souriante d'Horace s'assombrit.

Il hésita un moment ; puis prenant sa résolution avec effort :

— C'est de bonne heure que nous partons? demanda-t-il.

— A sept heures de l'hôtel.

— Alors, si mon colonel voulait le permettre...

— Quoi ?

— Puisque nous ne partons qu'à sept heures, j'ai toute la nuit pour faire les malles, ; alors je pourrais sortir ce soir, je ne serais qu'une heure absent.

Et ses yeux se posèrent sur les deux bouquets avec une expression attristée qui n'avait pas besoin d'être traduite par la parole.

— Tu veux porter ces bouquets ?

— Non, mon colonel ; je veux porter mes remercîments pour leur envoi.

— Ah ! on t'envoie des fleurs à toi?

Le colonel se mit à rire d'un mauvais rire nerveux.

— Imbécile ! dit-il, grand niais !

Horace le regarda avec stupéfaction, et vit pour la première fois combien la face de son maître était convulsée.

Tout à coup cette face s'adoucit et prit une expression désolée.

— Puisque tu devais sortir, dit le colonel, sors, amuse-toi bien, sois heureux, mon pauvre garçon. Seulemen n'oublie pas que nous partons à sept heures. Je ne veux pas qu'on me conduise; tu iras chercher une voiture de place.

A six heures, Horace entra dans la chambre de son maître, et trouva celui-ci endormi sur un fauteuil, pâle défait ; il ne s'était pas couché, et, vers le matin seulement, le sommeil l'avait saisi dans le fauteuil où il avait passé la nuit.

— Où allons-nous? demanda Horace lorsqu'il eut fait placer les bagages sur le fiacre.

— Gare d'Orléans ! dit le colonel.

Mais à la Bastille il changea cet itinéraire, et fit dire au cocher d'aller à la gare de Lyon.

Quand Horace demanda deux places pour Genève un voyageur, qui l'avait suivi au guichet, demanda une place pour la même destination.

Six jours après ce départ le prince Mazzazoli reçut une dépêche télégraphique ainsi conçue :

« Horace Cooper, hôtel du *Rigi-Vaudois*, au Glion,
» par Montreux, canton de Vaud (Suisse).

» Auguste. »

(Même hôtel.)

A cette dépêche, le prince répondit par une courte question :

« Combien durera ce séjour ? »

Et, deux heures après, il reçut la réponse qu'il demandait :

« Appartement arrêté pour quinze jours. » (1)

FIN DE LA MARQUISE DE LUCILLIÈRE

(1) L'épisode qui suit la *Marquise de Lucillière* a pour titre : *Ida et Carmélita*.

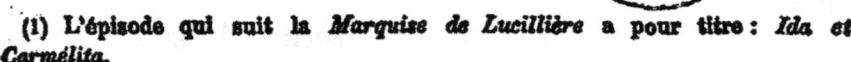

Emile Colin — Imprimerie de Lagny

www.ingramcontent.com/pod-product-compliance
Lightning Source LLC
Chambersburg PA
CBHW071945160426
43198CB00011B/1558